NOをYESに変える「不動産投資」最強融資術

不動産投資家
安藤新之助

ぱる出版

はじめに……融資の獲得術なら誰にも負けません！

私は金融機関が大好きです。

なぜなら、私を「成功者」と呼ばれるまでに成長させてくれたビジネスパートナーであり、恩人だからです。

私が不動産投資家を志したのは34歳の時でした。

当時、年収400万円代、お小遣い2万円の普通のサラリーマンでしたが、平凡な日々に将来の不安を抱くようになり、一発奮起し、不動産投資家になろうと決意しました。

そこから7年で1億円の家賃収入を得る「メガ大家」に成長しました。今では、国内No.1の不動産投資サイト「楽待」でのコラム執筆や「8人の成功者による不動産投資ノウハウ完全版　8つのステップ2014」DVD出演をはじめとして、NHK「クローズアップ現代＋」出演など、多くのメディアに出させていただいております。

総資産は13億3000万円、保有物件数10棟173室、駐車場127台、満室時家賃収入1億3500万（2018年8月現在）。今までに資産の組み換えによる売却においても億を超える利益を出しています（通算13棟購入3棟売却、区分1室購入リフォーム後売却）……

と、のっけから数字を並べてしまいましたが、この成績、あなたはどう思われますか？まったく不動産投資の書籍を読んだことのない人なら、「すごい！」と思ってくださるかもしれませんが、何冊か読んだことある人なら「ふふん。まあまあだな」などと思われるかもしれません。実際、書籍を書かれるくらいの投資家さんは「メガ大家」さんぞろいなので、規模的に私が飛び抜けているわけではないのです。

でも、私は1点だけ「誰にも負けないぞ！」と密かに自負しているものがあります。それが、本書のテーマ、不動産投資における「融資獲得術」です。

私の金融機関からの総資金調達額は、16億3000万円にのぼります。

都市銀行、地方銀行、信用金庫、合計9つの金融機関と取引して、**保有中の10物件の金利レートは3年〜10年固定で、0.6%〜1.3%。90%の物件が1%以下のレート**です。

これは、自分でいうのもなんですが、驚異的だと思っております。しかも、場所は業界で「日本一融資に渋い」とささやかれる名古屋です。お付き合いしている不動産投資家の方からも、このことをいうとビックリされることが多いです。

「あなただからできたんでしょ」と思われる方もいるかもしれませんが、断言します。「そうではない」と。当時の私は、属性がいいわけでも、特別なコネがあったわけでもありません。ホントに、どこにでもいるフツーのサラリーマンだったのです。

はじめはどこに行っても、「ノー」「ノー」「ノー」。誰も相手にしてくれず、途方に暮れる日々でした。時には「サラリーマンが大家になろうなんて、図々しい」と担当者に延々30分間いびられたこともありました。


ただ、何度も断られているうちに、「こう言われたけど、ああ返すべきだったのでは」「こんな対応されたけど、こう準備すればよかったのでは」と段々了見がわかってくるものです。

本書には、何十回~何百回というトライ&エラーを積み重ねてきた結果、**「こんなプレゼンみたことない！」とまで担当者に言わしめた、私の融資獲得スキルをすべて詰め込みました**。この1冊があれば、金融機関の「ノー」を必ず「イエス」に変えられるはずです。犬を追い払うようにあしらわれた経験を持つ大家志望の初心者の方や、思うような条件で次の融資を獲得できない現役大家さんはもちろん、個人事業主、会社経営の方にも幅広く役立つ内容だと信じております。

昨今、マイナス金利による不動産への融資拡大の影響で、安易に不動産に手を出し、破産に至ってしまうような事例が多く聞かれるようになりました。スマートデイズのかぼちゃの馬車事件とスルガ銀行の不正融資が良い例です。

私は、今までスルガ銀行のローンを利用したことがありませんが、安定した賃貸経営ができる方を一人でも多く増やしたいと思い、ペンをとった次第です。

本書が、金融機関との良好な橋渡しとなり、今後の資金調達の一助になれば、著者としてこんなに嬉しいことはありません。

不動産投資家　安藤新之助

２０１８年　８月

第1章

1円でも多く借りるための融資の超基本

銀行の儲けの仕組み 基本のキ 18
まずは銀行の基本知識から身につけよう。

都市銀行 地方銀行 信用金庫の違い 要点だけザックリ 21
知っているようで知らない営業地域、取引対象、経営方針など。

銀行が1円でも多く貸したくなる人の4つの法則 24
定期預金の金額の大小より大切なものがある。

銀行が1円でも貸したくない人 6つのタイプ 28
金融機関は、お金でも時間でもルーズな人が大嫌い。

現役支店長コラム① 採算の合わない融資も多発してます。 38

第2章　獲得率を劇的に上げる最高の訪問法

「ようこそ当行へ！」となる最高の訪問方法とは？　40
　訪問の経緯で、通る融資も通らなくなってしまう。
ゼッタイやってはいけない飛び込み訪問　44
　せっかくのチャンスを無駄にしてしまう最悪のアクション。
神風を吹かすTEL訪問の極意　45
　私はTELアポで1億1000万円の初融資を受けました。
金融機関主催のセミナーに参加して訪問の伏線を張れ！　48
　渉外の担当者はもちろん、役席も必ず参加。
紹介訪問でトリプルWINの関係を築きあげよ！　50
　たいてい役席の方や支店長クラスの方が対応してくれる。
現役支店長コラム②　初訪問はやはり紹介が一番！　52

第3章 1秒で好印象を持たれる無敵の準備

安心材料を積み重ね、貸手側を2人体制にさせる方法 54
「数字に強い人」は、金融機関から軒並み高評価！
実は、9割の投資家ができていない時間管理の奥義 57
訪問される側が最初に視線を向かわせるところは「時計」。
訪問日前日のリマインドはゼッタイ好印象 62
同席の予定がなかった上席と名刺交換できたことも。
貸手側は洞察力をフル回転して訪問者を値踏みする 64
靴は当然として、あなたはどこまで外見に気を配りますか？
稟議書を10倍書きやすくさせる無敵の準備資料とは 68
私が準備する資料を全公開します！
なぜ、勤務先の名刺だけを出すのは筋違いなのか 72
不動産投資は、基本的に勤務先と関係なく営むもの。
現役支店長コラム③ 物件デメリットの対策を貸手は知りたい！ 76

第4章 初交渉でもうまくいく鉄板フロントトーク

渉外担当と融資担当どちらと話をすればいいの？ 78
融資担当は、新規には非常にドライな印象。
案件を100歩前に進める最強コミュニケーション 81
「上と話をさせてほしい」ってあなた何様？
担当に肩書が無くても役席に会うための関所と思え！ 84
あなたの熱意を上席に取り次ぐのは一般職員。
主観と客観を盛り込めば信頼度は格段にアップする 88
「業者が良いといったから良いと思います…」はNG。
100％相手の印象を悪くする自滅トークとは？ 91
他行はライバルであると同時に、仲間。
担当者は不動産投資に詳しいとは限らない 94
「AD」「バック3」などは業界用語です！
相手の侮辱も融資獲得につなげる超メンタル術 96
トラブってしまうと履歴に残り、自分の首を絞める。

担当者に突っ込んだ質問はしてはいけない 101
聞いたところで、本音は「貸手のみぞ知る」。
逆境から勝利につなげるベストの思考習慣とは 103
「借りられない理由は自分にある」と思うことが大切。
現役支店長コラム④ 106
本部承認を得ても、個人的に止めたことも…

第5章 金利を超有利にする最強交渉術

「将来の不安に備えて」は投資理由としてネガティブ 108
その本質は「将来のお金に困っている人」。
経営者マインドに必要な2つの軸 111
他責思考の人は経営者としてアウト！
融資1億なら金利1％で年間100万円もの差異が出る 115
カードのリボ払いをしている人は、融資の土俵に乗れない。

融資的に良い物件の5つの条件
結局は持ち込んでみるしかないが…… 120

付き合いで購入した投資信託などは融資獲得に有利？
直接的に有利ではないが、「関係実績」は積み重ねられる。 126

融資案件は2月、8月に持ち込めたら理想
ただし、「決算前だと思いますので、ぜひ！」は余計なお世話。 129

駆け引きなしで金利を有利にするシンプルな方法
他の金融機関をにおわす一方で、ムリに自分の条件は言わない。 132

担当者の腕次第で融資の可否が決まることも多い
信頼されている担当に巡りあえば、2歩も3歩も前進。 134

同じ銀行でも支店、担当者で融資姿勢はまったく異なる
支店長、担当者の姿勢に結果は左右される。 139

現役支店長コラム⑤
いかに「担当の気持ちを揺さぶるか」が重要。 144

第6章 99%のYESを引き出す神プレゼン

自分の取り組み姿勢を10倍伝わりやすくするPR法 146
自身のPR資料をA4サイズ1〜2枚で写真や数字を入れて手渡す。

家庭円満が有利なPRであるこれだけの理由 149
離婚すれば「慰謝料」の名目で多額のお金が動く。

両親の資産も融資獲得への強力な追い風となる 152
貸手からすると、貸し出したお金に保全がはかれる安心材料。

定期預金などの依頼を獲得につなげるタイミングとは 155
「融資してくれたら、受けてもいいですよ」はNGだけど…

審査中に必ず聞かれる10の質問フレーズ 158
業者に資料の作成依頼をすると、答えられない事が多い。

圧倒的に融資のスピード感を上げる資料作成のコツ 162
見込まれる質問を、先に資料に盛り込めばよい。

自分の信用情報を客観的に分析する3つのサイト 163
自分の信用情報を客観的に把握。

プレゼンは背伸びして長期的視点に立つことが重要 167
――「運営」「身体」「物件」3つのリスク対応策。
なぜ、他行との関係性を話すと獲得率はアップするのか 171
――「他で貸してくれなかったので御行にきました」はバカ正直！
現役支店長コラム⑥ ―― 資料は本人が把握していなければ無意味。 174

第7章 新之助流 融資「魔法の5原則」

金融機関が大切にしている「融資の5原則」とは 176
――「収益性」「公共性」「安全性」「成長性」「流動性」
金融機関側の「なぜ？」に答えられるようにしておく 184
――「満室率」「空室率」の数字に根拠はありますか？
「定性評価」をグッと高める無敵の一工夫 188
――「決算書半分、人半分、最後は人に貸す」。

私が投資先を地元にしぼった3つの最強スキーム 191
――金融機関の地元への貢献意識はとても強い。
物件取得→資金調達→運営までをストーリー化する 194
――金融機関も、あなたの台本に「役者」として登場してもらおう。
担当者が取り組みたくなるプレゼン資料の作成法 198
――担当がそのまま本部に出せるくらい必須事項を盛り込むが勝ち！
現役支店長コラム⑦ 202
――管理可能な距離で物件購入はしてください。

第8章

永遠に融資を受け続ける一流のアフターフォロー

第1章

1円でも多く借りるための融資の超基本

銀行の儲けの仕組み 基本のキ

銀行の儲けは主に4つあります。本章は、融資獲得スキルとは直接関係ありませんが、交渉時に相手側の状態を知ることはビジネスの基本です。まずは銀行の基本知識からみにつけていきましょう。

1 貸出からの金利収入

銀行の収入源の1つが、業務としてお客様から集めた預金を貸し出す業務です。貸出先から頂く金利手数料から、お客様から預かった預金に金利手数料を払い、その利ざやが銀行の儲けです。

つまり、「貸出金利－預金金利＝銀行の儲け」というわけです。

今では日銀のマイナス金利の影響もあって、史上最低金利といわれています。

私たち個人が、銀行に預けても普通預金で0・001％程、100万円あずけても100円程度（税引き前）定期預金のキャンペーンでも0・1～0・3％程。バブル当時だと、7％とか8％あった時期もあり、資産家の中では金利だけで食べていける人もいました。

預金者にとってはあまりいい時期ではありませんが、借手にとってはどうでしょう？

私が不動産投資を始めた当初は通常のアパートローンで2%後半くらいの水準でしたが、今は1%台の水準です。借手にとってはとてもよい時期だといえるでしょう。

2　国債保有

国債とは国が発行する債券のことです。
国債から生まれる金利水準は昨今超低空ですが、大量に購入することで利益を生みます。日本で代表的な10年債利回りは住宅ローンなどの長期金利の基準になっており、市場の注目を集めます。（平成30年5月1日時点0・035%）
なんといっても国が債務者ですから、デフォルトしない限りは安心です。

3　手数料収入

手数料収入とはATM手数料や、振込手数料、両替手数料、外国紙幣交換手数料など様々な手数料があり収益を得ています。

土日祝や時間外にATMでお金をおろす際に料金がかかるのは、皆さんもご存知でしょう。サラリーマンの方で、毎月振り込まれる給料も、会社が振り込み手数料を負担しています。

4 信託報酬・役務取引等利益

信託報酬とは、信託の引受対価として受託者がうけとる報酬の事です。

金融機関から投資信託を買うときに「購入手数料」を支払います。

購入手数料は「購入金額の○%」という形で、一般的に購入金額の1~3%（税別）が一般的です。

役務取引等利益とは、為替手数料や運用商品販売手数料など、銀行がサービス提供の対価として受け取った収入から、銀行がサービスの対価として支払った費用を差し引いたものを「役務取引等利益」といいます。

昨今のアベノミクスによるマイナス金利導入により、貸出金利が低下しました。結果、金融機関は今までメインであった、貸出金利が低下し、利ざや収入が激減。国債金利も低く、有価証券の運用益も厳しく、金融機関の再編など生き残りをかけて収益確保に全力を注いでいます。

私が学生だった頃の就職ランキングでは、金融機関は常に上位だったのですが、最近では低下しています。

都市銀行 地方銀行 信用金庫の違い 要点だけザックリ

都市銀行

東京・大阪などの大都市に本店があり、全国の主要都市に支店を置く普通銀行です。

営業エリアは世界各国と全国規模。

支店網も日本全国と世界で展開しています。

世界を相手に事業展開しており、貸出額も数十億〜数百億が普通。

特色として、主な取引先が大手上場企業メインであること。

現在、都市銀行と言われているのは、みずほ銀行、三菱ＵＦＪ銀行、三井住友銀行の３メガバンクと、りそな銀行、埼玉りそな銀行です。

地方銀行

営業エリアは本店がある都道府県と近隣都道府県。支店網として主に地元に集中展開しています。特色として取引先が地元大手や中小企業がメインで、主にその地方を中心に営業活動を行い、地域経済を支えている普通銀行です。その中でも、１９８９年以降に旧相互銀行から普通銀行に転換した銀行を第二地方銀行と呼んでいます。

信用金庫

地域に生まれ地域に生きる金融機関と言われています。違いは銀行法と信用金庫法があり、その内容です。銀行は株式会社の営利法人に対し、信用金庫は会員の出資による共同組織の非営利法人。といっても預かったお金を貸出し、利息を稼ぐのは銀行と違いありません。きちんと利益を追求しています。

営業エリアは本支店のある市町村で、地方銀行に比べて営業エリアは狭いです。

信用金庫は、地域の発展を目指す扶助組織として誕生した、会員制度による協同組織の金融機関です。株式会社であるメガバンクや地方銀行と異なり、預金や貸し出しについて規定があります。

会員の資格は、信用金庫の営業地域に住んでおり、経営者は会員になれますが、個人事業者で常時雇用の従業員が300人を超える場合、また、法人事業者で常時雇用の従業員数が300人を超え、かつ資本金が9億円を超える場合には、会員となることができません。融資対象も原則会員となっていますが、一定の条件を満たせば会員以外への融資も認められています。

信用組合は、信用金庫と同じ協同組織の金融機関ですが、組合員資格は異なります。預金の受け入れにも制限があり、原則として組合員だけとなっています。業務内容は、銀行や信用金庫と同じですが、法人取引は常時雇用の従業員数が300人（卸売業は100人、

信用金庫と銀行の違い

	信用金庫	銀行
根拠法	信用金庫法	銀行法
組織	協同組合（会員出資）	株式会社
経営方針	非営利	営利
営業地域	限定された地域だけが対象	定めなし
取引対象	地域の住人や労働者や事業者で一定の規模以下	定めなし

小売業は50人、サービス業は100人）以下、または資本金3億円（卸売業は1億円、小売業とサービス業は5000万円）以下の場合。

メガバンクや地域の一番手の地方銀行などは比較的規模の大きな事業者と取引をすることが多いので、規模を求められることが多いです。

一方、信用金庫は規模の小さな人・事業者にも親切です。もしも、あなたが将来起業したい、融資を受けたいというようなことを考えているのであれば、信用金庫に信用を作っておくのが一番です。

具体的には給与振込先にする、積立預金で預金を積み上げていくことになります。

銀行が1円でも多く貸したくなる人の4つの法則

お金を1円でも多く貸したい人は、**確実に期日までにお金を返済してくれる人**です。きちんと期日に返済してくれることで、それが信用に繋がり、また借りてほしいと思うわけです。

金融機関もビジネスなので、約束事をきちんと守ってくれる人は大好きです。きちんと期日に返済してくれる裏付けがあると、借手側として大変有利です。

主な例をあげてみましょう。

1 同じ会社に最低3年以上勤務し、安定した収入がある人
2 マイカーローン、住宅ローンなど、遅滞なく返済できている実績がある人
3 定期預金を3年～5年の長期で毎月きちんと積み上げている人
4 毎月の収支をきちんと把握できていて、聞かれても答えられる人（個人 法人）

です。順番に説明しましょう。

1 同じ会社に最低3年以上勤務し、安定した収入がある人

石の上にも3年と言われるように3年以上、同じ会社で勤務実績があって年収400〜500万円以上あると信用がついてきます。

私が住宅ローンを借りたとき、一部上場ハウスメーカーに勤務していましたが、勤続が1年半ほどだったため、ローンを組むことに大変苦戦しました。

融資のガイドラインに「勤続1年以上」という条件が書いてあり、満たしていても断られてしまいました。

収入が短期的に得られているにしても、住宅ローンやアパートローン等、長期にわたる場合は、3年以上の勤務実績が有利です。

2 マイカーローン、住宅ローンなど、遅滞なく返済できている実績がある人

返済実績はとても有利です。

「きちんと返済してきた」という事実があるということですから。

少し話はそれますが、不動産投資で法人成りをした際に、メガバンクで通帳を作ろうとしたら作ることができませんでした。

当時、上場企業に勤務し不動産投資の実績もあり、他行で返済実績があったのに、です。

利便性も考えて、都市銀行で口座を作りたかった私は、1時間ほど粘ったところで急展開。

口座開設がＯＫになりました。

なぜ、ＯＫになったかというと、その都市銀行で住宅ローンの返済実績があったから（その時は借換《かりかえ》していた）だそうです。

担当者がうっかりしていて、調べ忘れていたとの事。

他行の返済実績よりも、その銀行での返済実績がより信頼性が高い事を知りました。

それくらい返済実績というのはパンチが効くものなんです。

遅滞は論外ですが、他行も含め、遅滞なく返済できていることを証明できれば、とても有利です。

3 定期預金を3年〜5年以上の長期で毎月きちんと積み上げている人

限られた収入の中から、預金をすることは忍耐力のいることです。

それを**毎月きちんと積み立てできることは、ある意味計画性が高いことを証明**しています。

これは、金額の大小というより、収入に対しての割合が高いほうが説得力があります。

月収の５％以上はあることが理想です。

4 毎月の収支をきちんと把握できていて、聞かれても答えられる人

融資の申し込みをしたり、確定申告書、決算書を持ち込んだ際に収支の内訳を聞かれます。

担当者によっては、かなり突っ込んだ質問をしてきます。

その時に、回答がすぐできるようであれば大丈夫です。

回答といっても1円単位まで答えられなくても大丈夫ですが、おおよその概算金額と使用使途を答えられると、かなりポイントが高いです。

新規案件で数行に融資審査を申し込んだ際には、いつ担当者から電話がかかってくるかわかりません。

こちらが何をしていようとも、担当者は稟議書の作成、本部との交渉で真剣勝負です。

私が家族と岐阜県の山奥でキャンプに出掛けていた際や、動物園でリスを見ていた時でもかかってきました（笑）。

安藤さんの「簿外資産はいくらですか？」とか「決算書のこの未収金は回収済みですか？」とか質問は様々。大半の事は答えています。担当者いわく、**自身のお金の流れをパッと答えられると「本人の経済観念が高い」と貸手として安心につながり、さらに信頼へとつながる**のだそうです。極論を言えば、これから不動産投資で規模を拡大したいと考えている人が家庭内の収支すら把握できていないのは、おかしいわけです。

銀行が1円でも貸したくない人 6つのタイプ

世の中、お金にルーズな人はごまんといます。

お金を友人知人、身内に貸して返ってこなかったことはありませんか？

そんな経験は誰もがもっているのではないかと思います。

当然ながら、お客様から預かった大切な預金を扱う立場の金融機関は、お金にルーズな人とはお付き合いしたくないわけです。

そんな人との時間は1秒でも使いたくない。金融機関はそう思っています。ではどんな人か？　私は大別して6つのタイプがあると思います。

1　1円を大切にできないひと
2　時間にルーズな人
3　業績の悪い会社、個人、預貯金のない人
4　カードキャッシングなどを頻繁に使う人
5　嘘を平気でつくひと
6　お金を借りられないと激怒する人

11円を大切にできないひと

「1円を笑う人は1円に泣く」よく聞く言葉です。

道に1円が落ちていたら拾いますか？

聞かれれば拾うと言うでしょうが、たいていの人はわざわざ拾わないのではないでしょうか。

うちの子供にこんな話をします。

私　1円欲しい？
子供　1円なんていらない！　何も買えないから。
私　100円のパンを買うのに99円しか持っていなかったらパンは買える？
子供　買えない。
私　足りないのは？
子供　1円…

残念ながら、子供でも1円を馬鹿にしています。

そんな場面があったのでこの質問をしたら、ハッと気づくものがあったようです。

毎月10万円のローン返済で、口座に1円足りない99999円でもアウトです。

たった1円ですが失う信用は図り切れない。

よく、コンビニで小銭が出たときに「かさばるから」と言って募金箱に入れる方がいらっしゃいます。心から、役立ってもらいたいという気持ちからなら良いのですが、重いとかかさばるからと言って、箱に入れる方はどうかと思います。

ちなみに私は、使途のはっきりした公の募金以外したことありません。

貸手側として、1円の大切さを知らない人にはお金を貸したくないのです。

2 時間にルーズな人

時間にルーズな人は、世の中にあふれるくらいいます。

私の知人や仕事の関係でも、名前をあげれば何人もでてきます。

それくらい多いのです。

お金を借りたら、返済期日というものがあります。

貸手として、この期日を守ってくれない人はとても困りものです。

貸した側の支店、担当者は引き落とされないと成績にかかわってきます。

時間にルーズな人は自分本位で、他人の事をあまり考えない方が多い。

言い訳を言わせたら、とても見事に語ってくれます。

また、本当にたまたま突発的な事情だったり、勘違いで遅れてしまうようなケースもあるでしょうが、ルーズな人は必ずまた遅れてきます。

ようは常習性ですね。

いつも時間をきっちり守っている人が、たまたま連絡を入れて遅れてくる場面であれば、きっと何かのやむを得ない事情があったからだろう…と慮ってくれるもの。

本来なら遅刻はご法度ですが、そう察してくれるのも今までの「信用の貯金」があったおかげ。時間にルーズな方は、遅刻の頻度が高く、信頼に欠けますので、貸手としてはお付き合いしたくありません。

3　業績の悪い会社、個人、預貯金のない人

業績の悪い会社、個人事業主で預貯金のない人に、お金を貸したくありません。

貸したお金が返ってこない可能性が、高いからです。

「お金を貸してほしい理由」を借りる方は持っていますが、残念ながら信用として欠くものがあります。

「必要な時にお金を借りることができるのが金融機関」なのですが、厳しいかな、誰でもということはできません。

貸手として、やはり実績を重要視します。

サラリーマンでも同じです。会社の勤続年数、年収、役職、預貯金を1つの実績として

みています。勤続年数20年、40代、年収が1000万以上あっても、貯金がゼロの人もいます。

金融機関の担当者いわく、**属性の良さ＝お金を安心して貸せる、わけではない**そうです。「これだけ年収があってナゼ預貯金がないの？？」全くの別物と考えていると言います。

ニュースを見ると、公務員や政治家、上場企業の社員や銀行員、属性に関係なく、お金に関してのトラブルは多発してます。年収が少なくても、計画性があって毎月コツコツと預貯金できる人のほうが、貸手として安心です。そういった意味でも、肩書や年収の多さではなく、その人の人間性になってきます。

4 カードキャッシングなどを頻繁に使う人

唯一、手軽にお金を借りることができるのが、クレジットカードのキャッシング・リボルビング、そして消費者金融でしょう。

過去に焦げ付きがなければ簡単に作れてしまいます。

これは本当に便利です。

今は昔のように総量規制で借入れることができなくなりましたが、このようなお金の使い方をする人に対し、貸手側がリスクを負う分、金利が高く設定されています。

通常の金融機関から借りた場合の金利に対し、数倍以上の金利です。

手軽に借りれてしまうからと言って、利用してしまうと信用棄損になってしまいます。

・給料日までお金が足りなくなってしまい、ついキャッシングしてしまっている…
・ブランド物が大好き。我慢できずついリボルビングで買ってしまう…

これも、身の丈に合う生活ができてない、計画性がないという裏返しです。

これは高い金利を払うことになり、結果的に購入した物が割高になってしまいます。

ただし、クレジットカードの翌月一括払いなら、きちんと滞納なく引き落とされていれば問題ありません。

高金利でも平気でキャッシングやリボルビング、消費者金融でお金を借りてしまう人は貸手に不信を与えてしまいます。

よほどの事がないかぎり利用するのはやめましょう。

5 平気でうそをつく人

金融機関は基本的に性善説で話を進めます。

（信頼関係の薄い間柄の場合は、借手を疑ってみていますが…）

よって、嘘、偽りがあることをとても嫌います。

嘘も方便はダメです！

預貯金を多く見せたり、粉飾決算であったりすると信頼関係が失墜します。

金融機関の担当者は、話の内容をしっかりと覚えています。

私が10年間、金融機関とお付き合いさせていただいているなかで、金融機関のスタッフの記憶力の良さは印象的です（認識違いはありますが）。

私も、比較的記憶力の良いほうなので、言った言わないで疑心暗鬼になることがないのはありがたく思います。

金融期間はお金を融資するプロです。

お金にまつわる事例をたくさん見ているし、小手先の嘘、偽りは簡単に見抜きます。

それも、**うっかりなのか意図的なのかもある程度察しがついてしまう**と言っています。

世の中には、平気で手のひらを返すように言ったことを覆す人がいます。

それに対して、後ろめたさなんて全くない。

国政を担う政治家や、エリート官僚だって当たり前のように嘘をつきます。

間違いなら間違った、分からないことは分からない、と正直に言える誠実さが信頼関係構築への近道です。

6 お金を借りられないと怒る人

お金がかかわると、人間の本性がでます。

特に感情のぶつかり合いになることが多い…

金融機関は1円でもお金を多く貸したいと考えてます。

借りられない理由の大半は、借手にあることが多い。

金融機関は断るに至った理由を明言せずに、「総合的に判断して今回は見送り」となんともしっくりこない断り方をされます。

これは、「融資不可の理由を明言すると、それを改善するからなんとかして欲しい」と食い下がれてしまうからです。

また、その理由が借手本人の気分を害すような事情であった場合、トラブルになったりする可能性もあります。

貸手からすれば、「感情のコントロールできない怒りっぽい人」とは付き合いたくないと思っています。

そういう私も、担当者の失礼な対応に2度ほど怒ったことがあります。

2回とも明らかに相手側が無礼な対応をとったことが原因です。

1度目は激怒し、声を荒げてしまいました。

もうその金融機関とはお付き合いできていません。

2度目は、某地方銀行での融資にまつわるトラブルです。

「担当者のふるまいが、侮辱的で心外で失礼な対応であった」ことが原因でした。その上席の方は、そのトラブルを真摯にうけとめてくれフォローしてくれました。

行員に非があることを認めたうえで、私の対応をとても評価いただき、その上席が担当することになりました。

その地方銀行とは後に2億以上のフルローンの内諾を得た実績があります。

融資を受けれない事で怒る人はたくさんいるそうです。

気持ちはよくわかりますが、怒り

感情のコントロールが
未熟な人は、「経営者」と
してみられなくなる

方でもひと工夫して次につなげたいものです。

私の苦く悔しい経験ですが、親の資産背景を提示するように言われ、家や田畑の謄本を提出したことがあります。

そしたら担当者に「二束三文にもならない土地」「1億以上の融資を受けた後に、また数千万の融資を受けようとしているのは論外」といわれました。

この件はのちほど詳しく記します。私自身の事を言われるのならまだ我慢できますが、身内の資産にケチを平気でつける担当者には正直腹が立ちました。

でも、そこはぐっとこらえて「今に見返してやるぞ！」とそちらに怒りのパワーを向けました。

いまでは、その銀行の別の支店ですが、良いお付き合いをさせていただいています。

感情のコントロールできない人は、「経営者としての資質を問われる」と判断されてしまう可能性があります。常に冷静に客観的に考えるようにしましょう。

某金融機関の現役支店長コラム①

大切なお金をお預かりし運用する立場が金融機関です。

金融機関の基本は預金者から大切な預金をお預かりして、そのお金を融資しその利息で利益を得ています。

なので、融資が不良債権になるという事は預金者に対し、裏切り行為となるわけです。

以前、信頼していた貸出先と約束していたことが守られなかった事があり、その取引先には「絶対に次の融資は出さない」と強く思いました。

何よりも大事な関係性が崩れてしまったのです。

それを見抜けなかった私に責任があると思いました。

私どもは預金者の大切なお金を守るためにも、何事もシビアに対応しないといけない立場にあります。


よって約束を守る事はとても大切です。


金融機関で働く人間は基本理念を持って融資に取り組むのですが、様々な要因が重なるとその気持ちが薄れてしまうのも事実です。

近年は、融資合戦が激しく低金利競争となっており、採算が合わない融資も多発しています。

第2章

獲得率を劇的に上げる最高の訪問法

「ようこそ当行へ！」となる最高の訪問方法とは？

金融機関への訪問の仕方次第で、融資の可否が大きく左右されることを皆様以外に知っているようで知りません。

まず、この話を切り出すだけで「え？　なんで？？」となるのではないでしょうか。

実は訪問の経緯で、通る融資も通らなくなってしまうのです。

市町村に行けば、かならず金融機関の看板を目にします。

「金融機関がないところはない」といっても過言ではないでしょう。

店内に入れば、住宅ローンやマイカーローンの広告が必ずあり、合わせて事業資金の窓口もあります。

普通の感覚なら相談すれば貸してくれる。

そんなふうに思うのは自然なことです。

実は私も、当時その事を知らずに、とにかく数打てばあたる！　と訪問していました。

ところが、結果は…全滅。撃沈です。

なぜ、こんなふうになってしまったのか。

これは金融機関側の融資マニュアルに反するからです。

貸手からすると、「なぜうちに来たのか?」必ずここをクリアにしないと先にすすめません。

看板を見たから…とか　TVCMを見たから…とか普通ならありがたいお話なのですが、事業資金となるとそうはいきません。

住宅ローンやマイカーローンなら見方が違うので十分可能性があるのですが、**不動産投資のような事業資金に関しては完全にNG**です。

あなたがいきなり支店にとび込めば、100%こう思われます。

「他行に断られたからうちに来たんだな…

断られた理由があるはずだから、他が貸さない人にはやめておこう」と。

これで、終了です…。

私も当初はそんな事情も知らずに、無鉄砲に訪問していました。

金融機関のスタッフの窓口に趣旨を伝えると、奥から融資の担当者が登場します。

応接室に通されることは絶対といってないでしょう。せいぜいカウンター横の席です。

愛想も悪く、「ようこそ当行へ」という対応とは、程遠く扱われます。

私　収益不動産の融資について相談をしたいのですが。
担当者　当行では不動産投資の融資はしていません。
私　アパートローンを扱っていますよね？　ダメなんですか？
担当者　これは相続対策で遊休資産を活用するためのローンです。
私　知人が御行で借りているので来たのですが…
担当者　その方の背景はわかりかねますので何とも言えませんが。
不動産投資に対しての融資は一切しておりません。
私　……

私だって一応はその銀行で融資をした実績があると聞いて、訪問をしていたのですが、まさかの冷たい対応に、なんとも言えない複雑な気持ちになったのを、今でもはっきりと覚えています。

金融機関の担当者はきっと「このくそ忙しい時に面倒な客が来たな」と思っていたでしょう。

金融機関だって「お金を融資する事が収益の柱」になっているので貸したいのが本音ですが、訪問の仕方ひとつで心象が１８０度変わってしまいます。

金融機関はその訪問に至る「経緯」を重要視します。

「なぜ、この金融機関を選んだのか？　訪問に至った理由」です。

この理由をはっきりと述べられることが大切です。

これがあるだけで心象がかなり違います。

そして、「紹介者」も大切です。誰の紹介によって来たのか。

その紹介者から連絡が入っていれば、さらに心象がよくなります。

その金融機関と取引している実績ある方の紹介であれば、かなり安心されます。

融資の結果は別として、門前払いされることはありません。

よく考えてみましょう。

仕事上で、いくら見込みが高いと思われるお客様でも、いきなり来られたらまず「疑いの目」でみますよね。

それと同じです。

私は当時「お客様意識」がどこかにあったのかもしれません。

金融機関の窓口には投資信託や保険、住宅ローンにマイカーローンなどいろいろな商品を販売していますが、「事業資金」については全く考え方が違います。お客様意識をすてるくらいでちょうどいいのです。

融資訪問の仕方は主に4つのパターンがあります。

ゼッタイやってはいけない飛び込み訪問

結果は決まっているようなものです。融資NGと…

特に、週初めや週末、月末の場合は間違いなくお金に困って金策に奔走しているとみられます。

もちろん、借手としては融資してもらいたいから訪問しているのですが、貸手として一番警戒する方法です。

経営者として無計画かつ、アポなし訪問は忙しい担当者にとっても「ビジネスマナーも知らない経営者」として印象最悪です。

仮に自身が資産家で、良い物件をもっていったとしても、まともに聞いてもらえないでしょう。

銀行の担当者が言っていましたが、「ピカピカの財務内容で、申し分のない案件をいきなり持ってこられても、取り組むかどうかと言ったら確実に躊躇する」と言っていました。

せっかくのチャンスを無駄にしてしまう最悪のアクションになるので、自殺行為に等しいです。

飛び込み訪問はやめましょう。

神風を吹かすＴＥＬ訪問の極意

飛び込みよりは大分マシです。

私はこの方法で初めての物件の融資を受けました。

地方銀行で１億１０００万円のフルローンです。

当時、ＴＥＬアポをメインで訪問していましたが、それでもハードルが高くなかなか結果に結びつかなかったのが本音です。

でも、何度か訪問しているうちにアポイントのコツがつかめてきたので、面談でもスムーズに運ぶようになってきました。

この方法で融資に結び付いた時には、神風が吹いたような気持でした。

努力は幸運をもたらすんだなと。

このＴＥＬアポの時も、「その支店に来た経緯・理由」が必須です。

たとえば、「物件の最寄りの金融機関だったから」「自宅の最寄りの金融機関だったから」「親戚の会社が取引している金融機関だったから」でもＯＫ。

自身が給与振り込みや口座をもっているなど、直接関係している金融機関なら一番ですが、とにかく選んだ明確な理由が必要です。

私が当時、使ったトークとして、**「勤務している会社が仕事面で取引しているから最初に電話してみた」**と伝えました。

サラリーマンなら、勤務先が取引している金融機関が必ず2～3行あるはずです。

中小堅の企業であれば、メインバンク、サブバンクで都市銀行、地方銀行、信用金庫とかならず取引しています。

勤務している会社と金融機関が取引関係にあれば、立派なアポイント理由です。

なにより、丁寧に対応してくれるでしょう。

当然ながら、勤務している会社の状況を把握していますし、信頼関係があります。

貸手からすれば、素性がはっきりしますし、有力な安心材料です。

仮にTELしたことで、勤務先にバレやしないか心配する方もいるかもしれませんが、個人情報の守秘義務がありますから大丈夫です。

さらにすそ野を広げる方法として、自身の勤務している会社の取引先の取引銀行を調べてみるのも良い方法です。

「弊社のパートナー企業の取引先だったからTELさせていただいた」

この方法でも全く関係のないところからのTELではないので、取り合ってもらえます。

両親や叔父叔母の出身地の銀行だから、でもいいでしょう。

インパクトは弱くなりますが間接的にでも関係があれば、それもアポイント理由になります。

ホームページを見てとか、通りがかりでみかけたというようなアポイント理由は、理由のようで理由になりません。

不特定多数に声をかけていると思われ、取り合いたいという気分になれないことはイメージ付くのではないでしょうか。

たとえば、通りがかりの女性に声をかけているナンパのようなものです。

それで相手にしてくれる女性は、高くつく可能性が高い。

ちょっとたとえがよくないかもしれませんが、金融機関でも飛び込みで訪問して融資してくれるようなところは、高金利であったり、諸条件が厳しいです。

金融機関は、「自行で取り組みたいと明確な理由がある人」ほど相手をしてくれるものなのです。

金融機関主催のセミナーに参加して訪問の伏線を張れ！

金融機関主催のイベント、セミナーは、どこの金融機関でも開催しています。

昨今では、税制改正セミナー、民泊セミナー、アパート経営セミナーなど目白押しです。

そのセミナーに参加してみるのも、開拓手段の1つです。

金融機関もそのセミナーを通じて、新規開拓をしたいという目的を持っています。

そういったイベントに参加すれば、金融機関の渉外の担当者はもちろん、役席の方も必ず参加しています。

そこで、面識、名刺交換をすれば、これも訪問の経緯になります。

「自行主催のセミナーに参加した…」

これで、融資獲得につながれば、主催した金融機関側からしても、セミナー開催効果からの実績になるわけで、お互いにウインウインの関係になるわけです。

私が毎年出席する「信金ビジネスマッチングフェア」は、社団法人東海地区信用金庫協会が主催し、東海地区信用金庫38庫と取引企業が参加します。

このフェアは、各県の信用金庫の担当者と面識が持てるだけでなく、取引している不動産業者やリフォーム会社が参加しています。

金融機関主催のイベントは融資チャンス？

http://www.shinkin-businessfair.jp/
信金ビジネスフェア２０１８ポートメッセ名古屋

参加している業者は、信用金庫と取引している実績のある企業なので安心して商談できます。

私もフェアをきっかけに取引している企業があります。

このフェアを通じて「不動産業者と知り合い↓主催の信用金庫で資金調達」につながれば、主催者側の意義が証明され、これもまたウインウインの関係になります。

紹介訪問でトリプルＷＩＮの関係を築きあげよ！

金融機関は、紹介を受けて訪問するのが最も有効な方法です。

金融機関は紹介者が間に入ることで、「その方が紹介するなら大丈夫でしょう」と安心してくれます。

たとえば、自行と取引のある不動産業者、税理士、弁護士、実績のある投資家、企業のオーナーのように社会的地位がある方がもっとも有効です。

私は２棟目以降は、主として紹介を受けて訪問しています。

紹介を受けて訪問すると、紹介を受ける金融機関側も期待度が高くなります。

紹介を受けて訪問した際には、たいてい役席の方や支店長クラスの方が対応してくれます。

ＴＥＬアポや飛び込みで訪問していたら、確実と言っていいほど会えないでしょう。

たとえば、収益不動産を紹介してくれた不動産業者に銀行を紹介してもらうのが、借手として一番ポピュラーな流れです。

不動産業は額が大きいので、かなりの確率で金融機関が絡んできます。

不動産業者でも購入してもらいたいですし、銀行だって貸したい。売買成立すれば不動産業者、銀行、投資家の３者がＷＩＮＷＩＮＷＩＮの関係になれるわけです。

決済の時には支店長が仲介業者に挨拶にきますし、**金融機関と太いパイプをもつ不動産業者から紹介してもらう事がベスト**です。

某金融機関の現役支店長コラム②

初訪問はやはり紹介が一番です！

金融機関にとっても、飛び込みよりご紹介を頂いた方が対応しやすいです。

その理由は、前もってお客様の情報が得られる、また何よりも紹介者の方が確実な方であれば「この人の紹介なら間違いない！」と思うからです。

融資に対してのハードルは格段に下がります。

したがって、資金調達をしたい場合には、金融機関とつながりが強く信頼と実績をもった方からの紹介がよりベストです。

金融機関とつながりが
強く、信頼と実績を持った
方の紹介はベスト！

第3章

1秒で好印象を持たれる無敵の準備

安心材料を積み重ね、貸手側を2人体制にさせる方法

金融機関の担当者と初めて会ったときにどう思うか？


「この人は信頼できる人か…」

「この人はきちんとお金を返してくれるだろうか…」

「この人は反社会勢力と関係はないだろうか…」

「この人は…………」


信用に値する材料が全くないわけですから、正直な話、完全に疑ってかかられています。

私も、金融機関の開拓で回っていたときは、一人が質問役で、一人がメモ役というような感じで、新入社員の面接のようなイメージでした。

当然ながら、応接室に通されることはありません。受付近くのテーブル席に向かい合って座り、矢のさすような眼差しでジッと見られ、心の奥底を探られているような感じで、とても良い気分にはなれませんでした。

大抵の投資家は、この面談の繰り返しで心身ともに疲れ果て挫折していきます。

最初の1行目、2行目あたりはまだ大丈夫でしょうが、断られ続けるとボディーブローがだんだん効いてくるんですね～。

とても、意地悪な質問をされて「どの程度、不動産に関してスキルがあるのか」試されたりしますので、勉強不足だったり、後ろめたい部分があると、表情にでて分かってしまいます。

でも、事業者として相手が今後末永くお付き合いできるかどうか見られるわけですから、相手が金融機関であろうと、リフォーム会社であろうと関係ありません。

ネガティブに考えれば、耐えられなくなりますが、逆に言えばそこがスタートになるわけです。だから、自己PRをどんどんすればいいわけです。

私は当初、「ハウスメーカー勤務、住宅業界も現場からアフターサービス一貫して経験した経歴をもっている」ことをアピールしました。

それは、1つの強み。

誰でも不動産投資と共通した強みはあると思います。

たとえば、あなたが総務・経理の経験者であれば「試算表や収支計画などの作成はよくしております」と言えるはずです。

この場合、「数字に強い人」となり、金融機関から高評価です。

「自動車関連メーカーで技術開発の仕事をしていて、コスト管理にたけているので、修繕などのコスト管理に活かせる」でもいいし、「インテリアコーディネーターの資格を保有しているので、室内装飾に活かせる」でもいいですね。女性の投資家の場合、とても強みになります。部屋の配色を工夫することで、入居付けに結びつくのでPRポイントになります。

共通して好印象なのは「数字」の管理に強いことでしょう。

1つでも多く安心材料を提供し、不安材料を払拭する努力が必須です。

貸手側が2人で面談の場にきたらチャンスです。

相手も聞く気があるので、2人体制で面談に挑んでいるわけです。

こういったときは、1人が渉外担当、1人が融資担当だったりします。

私が初めて融資内諾をいただいた案件は、1人が渉外役席、相方が融資担当でした。

こういった時は、どちらかが不動産に詳しかったりするんですね。

結果は別として、見込みはあります。

これが1人体制で肩書のない一般行員だと「とりあえず対応しておこう」という思惑が見えてしまい、「あ～相手にされていないな～」と、気を抜いてはいけないのですが、気落ちするものです。

結果は、翌日にNGの連絡がはいり「やっぱり…」。

まあ、そんなことは日常茶飯事なので気落ちせず根気よくアプローチしていきましょう。

実は、9割の投資家ができていない時間管理の奥義

時間厳守できる人はかなりの高評価です。

なぜなら、「時間管理ができる＝返済が遅れない」に直結するからです。

アポを自分がとった上に、遅刻するなんてもってのほかです！

いかなる理由も言い訳にしかなりません。

私は必ず、30分前に現場に着くように段取りをします。

そして、提出資料の確認や移動中にかかってきたＴＥＬやメールの確認をします。

ＳＮＳや電話は、こちらの都合に関係なく入ってきます。

車や電車で移動中だと、その場で対応できませんので、車を停めたり電車を降りてからでないと対応できません。

それが原因で「時間のロス」が発生します。

そういったときに限って、話をしないといけないような重要な案件だったりします。

（暇つぶしや、遊びの誘いのＴＥＬもありますが）

相手は用事があってかけてくるので当然ですよね。

アポイント先に5分前や10分前に着くように段取りしている人は、かなりの割合でいま

す。私の経験上、９割以上です。

仮に電話やＳＮＳが入ってこなくとも、電車の遅れや車の渋滞によって遅れたりします。

そうなれば遅刻の可能性は格段に上がります。

電車が遅れた…　渋滞だったから…　事故があったから…

訪問する立場からすれば、不可抗力だからしかたない…

そう自己解決してしまいますが、待つ側からすれば関係ありません。

「リスクを想定して、早くできることができたはず…」

百歩譲って、ニュースで確認できるような事故であれば「情状酌量の余地」はあるでしょう。

でも、そんなことはめったにないのでやはり遅刻は「信頼の失墜」にしかなりません。

そう思われたらお互い良いことはありませんよね。

私の経験上、「30分前」に現地着するように段取りすることで、遅刻は高確率で回避できます。

私は公私ともにこのルールを適用してます。

電車に万が一乗り遅れても30分も待てば、よほどの地方でない限り、もう一本後続列車が来ます。

30分あれば、渋滞しても遠回りして迂回すればなんとか間に合います。

私は「30分前現地着ルール」をするようにしてから、遅刻は無くなりました。

少なくとも、最初の訪問で遅刻したことは「ゼロ」です。

最初の訪問は私にとって一大イベントです。

そのイベントを成功させるか否かで、人生が変わる可能性が高いからです。

そして、私がさらに守っているルール。

それは「3分前入店ルール」。

その理由とは、店の中の時計が進んでいる可能性があるからです。

私は、時計が進んでいたり、遅れていたりするケースを目の当たりにしたことがあります。

さすがに5分遅れると気が付いてだれかが直すのですが、2〜3分のズレだと気づかなかったりして放置されていることがあります。

仮に、時間ぴったりに行っても、店内の時計をみれば3分遅れ…

本人は時間を守っていても、店員は遅刻とみなしてしまいます。

これこそ不可抗力ですよね。

でも、これはこれで、自分でリスク回避するしかありません。

なので、3分前に入るようにすれば相手側からすれば、時計の進み具合で遅刻だと勘違いされることはなくなります。

早い分にはネガティブな印象にはなりませんからね。

時間に遅れることは「信用棄損」になります。

初めて訪問する金融機関で何も実績のないところから始まるのに、いきなり遅刻では「信用棄損」以外のなにものではありません。

これは相当もったいない…

私はこの「30分前現地着」「3分前入室」を心がけることで、大きな信用を得たと実感しています。

訪問した時に、訪問される側が最初に視線を向かわせるところは「時計」です。

取引している金融機関の次長は、私がいつも時間ぴったりに訪問するので、ニコニコしながら「社長！ いつも時間に正確ですね！」と満面の笑みで迎えてくれます。

これを2度3度と、毎回正確に訪問することで、信用と信頼が相当積みあがります。

この効果は絶大です。

世の中、実は時間を守れない人がとても多い。

これはとても残念なこと…。

仮に、いつも時間厳守していた人が遅刻していったらどうなるでしょうか。

先方は「いつも時間厳守の人が遅れるなんて何かあったに違いない！！ 事故トラブルでなければよいが…」と心配してくれます。

約束時間の勘違いだったり、メモの記入ミスだったり、人間ですから間違いは誰でもあります。

普段のお付き合いで「時間厳守」の信用と実績があれば、仮にうっかり遅れてしまっても「何事もなくてよかった」とポジティブにとらえてくれるようになります。

それも、信用から生まれるものです。

仕事で時間の守れない人はプライベートでも守れない、その逆もです。「時間が守れない人は自己管理ができず、返済遅れの可能性が高い」

簡単なことのようで実は難しいのが時間厳守です。

「30分前現地着」「3分前入室」をぜひ実践してみてください。

遅刻は厳禁！
「30分前到着」「3分前入室」を実践するべし！

訪問日前日のリマインドはゼッタイ好印象

ぜひ訪問日前日に、訪問確認のＴＥＬを入れることをお勧めします。

なぜなら、この一本の電話で「気配りのできる人、丁寧な人」という印象につながるからです。

金融機関のスタッフも人間です。こちらが日時を守っていても、相手がうっかり予定を入れてしまってダブルブッキングしてしまう可能性があります。これが、当日その時間までうっかりや勘違いが露見しなかった場合、お互いにマイナスになってしまいます。

これはとても残念なお話ですよね。私は、この前日のＴＥＬによってダブルブッキングを回避したことが何度かあります。先方の勘違いもあれば私の勘違いもあったり。

担当者　いやー安藤さんが電話してくれて助かりました！
　　　　危うく予定をいれるところでした！！

私　　　そーですか！　それは良かったです！
　　　　初めての訪問でお会いできないなんてとても残念ですから〜。

一気に緊張モードが和らぎ、当日の面談は盛り上がったのは想像がつきますよね。

こんなふうに誰でもうっかりってあるんです。

私も本当の事を言うとうっかりもので、サラリーマン時代は、何回かチョンボしているんです。その確認のＴＥＬを入れることで、間違いがあったらお互いに修正が可能になります。私はＴＥＬを入れたことでこんな良い思いをしたことがあります。

私　明日の10時に予定通り訪問させていただいてもよろしいでしょうか？
担当者　予定通りで大丈夫ですよ！　お待ちしております！
私　もし可能でしたら今回の案件はとても好条件なので、上席の方にも同席してもらえると嬉しいです。
担当者　上席のスケジュールを確認して可能なら同席させていただきます。
私　ありがとうございます！　何卒よろしくお願い致します。

こちらから積極的にポジティブなアクションを起こすことで、相手に熱意が伝わります。

この一本の電話で、本来なら同席の予定がなかった上席と名刺交換ができて自分がＰＲできる。こんなチャンスはありません。結果、その時は融資に結びつかなかったのですが、いまはきちんと取引させていただいています。

貸手側は洞察力をフル回転して訪問者を値踏みする

人は見た目で9割判断する！

ビジネスマナーのセミナーでよく耳にする言葉です。

銀行訪問も例外ではありません。

訪問の際には、できればスーツで訪問してください。

ビジネスカジュアルでもカジュアル過ぎなければよいですが、私は**黒系、紺系のスーツをお勧め**します。

なぜなら、行員はみんなスーツです。

同類に見られるほうが安心します。

服装を合わせるだけ。これで1ポイント獲得です。

スーツになじみのない方は、「服は清潔感があればなんでもいいんじゃないの?」とおっしゃられる方もいます。

Tシャツ、Gパンでは絶対にいけないわけではないのですが、やはり印象でポイントを1つでも多く稼いだほうが良いのです。

常に数字とお金を扱う立場の行員は、とても細かいところまで見ています。

私が初めて訪問したある地方銀行のお話です。

そこは実績のある投資家の方からの紹介で訪問したので、訪問初日から支店長と融資役席の面談でした。

私は4年ほど、投資実績があったのですが、相手の視線は厳しいものがありました。

実績あっても、初めての取引となると、洞察力をフル回転させて相当深くまで見抜こうとしているのが伝わってきます。

数字的な部分は彼らはスペシャリストなので、「ちょっとおかしいな」と思う部分があればズバッと聞いてきます。

「清潔感があればいい」
というのは思い込みです。
黒・紺系のスーツがベター

でも、服装の事は絶対に聞かれることはありませんので、今日の服の理由なんて話す機会はありません。

融資役席の方と30分ほどの打合せが終わったあと、帰り際に出口まで見送りに来ていただきました。

その際に互いにお辞儀をするわけですが、タイミング的にたまたま私が少し早く頭をあげてしまい、役席の顔を見たとき、その視線はなんと私の靴にいっていました。


きちんとした靴を履いているか…

きちんと手入れをしているか…


そこを見ていたんでしょうね。

昔から、**「靴の汚い人に金を貸すな」「付き合うな」**とよく言います。

ある著名な投資家の方も、同じことを言っていました。

確かに出世していった人、成功した人はみな「靴がきれいだった」という話をよく聞きます。

私の経験上でもお金にルーズな方、破綻した経営者は「靴が汚いな」と思った経験があります。

私も靴だけはお金をかけるようにしていました。

といっても、当時は本当にお金がなかったので8000円ほどの革靴を購入した際は、かなり財布にダメージが大きかったです。

でも、その靴を少しでも長く使えるようにこまめに靴墨を塗って手入れをしていましたので、靴を見られることには自信を持っていました。

仮にブランドの靴でも履き古したよれた靴はやめて、安くてもよいのできれいな靴にしたほうが良いです。

不動産投資家として10年が経ちましたが、見た目、服装にはとても気をつかっています。服装だけではありません、**髪型、ひげ、鼻毛、臭い、さらに車の洗車まで最新の注意をはらっています**。

ちょっとした気配りを怠っただけで、生理的に心象が悪くなってしまったらとても損です。

見た目でこれだけ印象と対応が違うのなら、そこはしっかりとお金をかけて身だしなみを整えた方が、メリットも大きいのは間違いありません。

稟議書を10倍書きやすくさせる無敵の準備資料とは

金融機関の行員は毎日がとてもハードです。

毎日何件も融資案件や保険、投資信託など日々業務に追われています。

そんな中、融資審査を依頼する立場として、可能な限り自主的に書類を準備しておくことが必須です。

これをするだけで、担当者からの見方がずいぶん変わります。

「仕事ができる人」「配慮のできる人」「やる気がある人」など、「この人は他とは違う」と思ってくれることは間違いありません。

実は、これができてない人がとても多いんです。

投資家側から、担当者に「どんな書類が必要ですか？」なんて質問しているようではその時点でアウト！　です。

私は新規案件の訪問時にいつもこう言われます。

「安藤社長は、いつもこちらの気持ちを察して、仕事のしやすいように準備してくれますからとても助かります。これだけあれば稟議書がすぐに作成できます♪」

多忙な中、必要な書類を毎回、連絡して準備してもらい持ってきてもらっていたら、その都度仕事がとまってしまいます。

これは担当者にとって効率が悪く、避けたいところなんです。忙しいのは担当者だけでなく、本部の審査役もです。審査の流れにのってスムーズに進めないと、何が起こるかわかりません。

たとえば、人事異動です。審査役が厳しい人に引き継がれれば、可になるものも不可になります。私も数回、支店長や本部審査役の異動に重なってしまい、融資審査が止まってしまったことがあります。

幸い、資料もしっかり作っていたので、後任にも前向きに引き継いでくれたので助かりました。しかし同じように、異動をまたいでしまった知り合いの投資家で、直前に融資不可になってしまった人もいます。

実は、私は駆け出し当初行員に「必要なものは何か」毎回聞いていました。

もちろん、セミナーや書籍でどんなものが必要なのか学んでいたにもかかわらず、金融機関によって必要、不必要なものもあるだろうから、聞いて必要なものだけ持っていこうと思っていました。完全に後手であり、配慮に欠けてますよね。勉強する気はあるものの、とても気が利かない男が私だったんです。

必要、不必要は先方が判断する事。可能な限り準備しておくことが大切です。

では、どんなものを事前に準備していけばよいのか？

・事業計画書（3年〜5年先および10年後のビジョン）
・資金計画（融資期間　金利　借入れ金額　修繕費など）
・物件概要書
・地図
・レントロール
・謄本　公図　路線価図　用途区域図　要約書　建物図面　固定資産税評価証明
・平面図　立面図　検査済書（あれば）賃料査定
・建物修繕履歴
・家族関係図（本人と配偶者　※初回訪問時）
・過去3期分の確定申告　決算書　所得証明
・資産背景一覧（家族の預貯金　可能であれば両親の資産背景）
・保有物件一覧（物件ごとの収支　借入れ状況　残債）
・生命保険　損害保険加入一覧
・生命保険解約返戻金一覧

以上のものを訪問時にそろえましょう。それもきちんとファイリングし、目次をつけて

です。これだけ準備すれば担当者が稟議書を作成するうえでとてもスムーズになります。ここまでそろえて「後必要なものがあれば、迅速に対応します！」と伝えておけばほぼ完璧です。

私はその後も、追加で資料や情報のオファーがあれば、次回の資料に必ず組み込むようにしています。それが、少しずつ積み重ねられ、融資審査目線の資料が完成しました。

今では審査部からもお墨付きをもらえるような資料になり、担当者も自信を持って本部と折衝できると感謝されています。

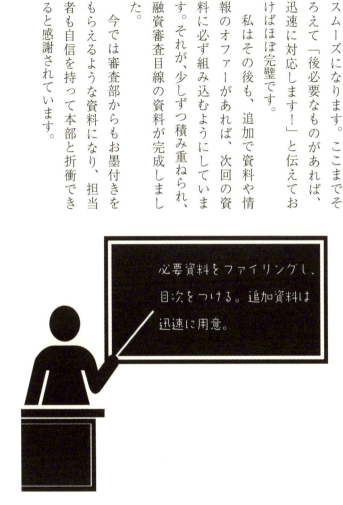

なぜ、勤務先の名刺だけを出すのは筋違いなのか

銀行員に限らず、ビジネスマンとして最初にすること。

それは名刺交換です。

金融機関に訪問し、担当者は自分の名刺を差し出してきます。

その時に、何も出さないのは流れ的に不自然です。

職種によっては、自分の名刺の必要のない方、相続対策で物件を取得しようとする方は持っていない、必要ない方もいらっしゃいますが、それは仕方ないところです。

しかし、不動産投資家になるという意識のもとで訪問している場合、「自分の名刺がない」ほうがおかしいのです。

もちろん、**勤務先の名刺だけでも悪くないのですが、不動産賃貸事業として勤務先とは関係なく営もうとしているのに、勤務先の名刺だけを出すのは筋違い**なのです。

勤務先の名刺を出す場合、自分の名刺を出した後に、話のながれで勤務先の名刺を出せばよいのです。私は、業界最大手のハウスメーカーにいましたが、それは最初に出しませんでした。最初に出したのは「不動産賃貸事業　ティーサクセス　代表　安藤輝政」と記した名刺です。「ティーアクセス」は当時の私が興した会社名です。

こういった自分の名刺を出すと相手はどう思うか?

「不動産賃貸事業を営んでいる」と思うわけです。

物件を持っていなくても持っていなくても、相手はそう思ってくれます。

これを出すことで相手は、「なんだ、まだ持っていないんだ〜」と拍子抜けするでしょう。

でも、それはそれでよいのです。

だって、事業を一から始める人でいきなり業務実績がある人なんていません。恥ずかしがることはないのです。

ここでの目的は「自分はオーナーなんだ、これから事業を興すんだ」という強い意識を持っていることを相手に感じてもらうこと。

私の経験では、名刺を差し出すことでネガティブに思われたことはありません。

私　ティーサクセスの安藤でございます！　よろしくお願い致します。
担当者　不動産賃貸事業の代表なんですね。何棟お持ちなんですか?
私　いえ、まだ一棟ももっていません。これから取得するところなんです。
担当者　あっ、そうなんですね（少し拍子抜けした様子）
私　最初の一棟目を御行で取得したいと思いまして。
担当者　ありがとうございます！

「まだ一棟も持ってない」というのはマイナス要素で拍子抜けされましたが、名刺を持っていて「一棟目は御行で取得したい！」というと、むしろ、「不動産を本気で買おうとしているんだ」ととらえてくれるものなのです。

金融機関は不動産賃貸事業に融資をします。

金融機関は「地域産業に貢献するべく、新規で起業する人たちを応援するミッション」があるので、事業は応援をしてくれます。

ただ、実績無く、資産背景も乏しかったりする中で、笑顔で対応してくれることはまずありません。貸手としてミッションがあるとい

勤務先と関係なく経営する
不動産投資で、勤務会社の
名刺だけを出すのは筋違い

えども、気を引き締めて挑む必要があります。

不動産投資への融資に消極的な金融機関の場合、アポイントをとって訪問しても5分で話が終了してしまうこともあります。

「だったら会う約束なんてしてくれるな」なんて思いたくもなりますが、貸手側として「会って話をしてみないと判断ができない」という考えもあるので、そこは割り切っていきましょう。

私も一時間かけて訪問して、5分程度でお断りなんて何度もありました。

でもそこで、名刺交換をすることで、少なくとも自己PRをできたわけです。

結果は別として相手に「自分が事業者だ」と前向きなイメージでとらえてもらえれば、ここでポイント1ゲットです。

そのときは報われなくても、別の物件が出たとき、担当者が変わったとき、融資情勢の流れが変わったとき、その活動が報われるときがきます。

「次回、リベンジするぞ」という意気込みが、良い結果をもたらします。

自分の名刺一枚で、自身が物件を持っていなくても代表になれます。

最初は変な気分でしたが、だんだん自信がついてきます。

「肩書が人を作る」とは、うまく言ったものだなと思います。

某金融機関の現役支店長コラム③

物件の資料は得られる情報すべてを金融機関に提示して頂きたいです。いわゆるマイナスの情報も含めて、代表者の方はどう考えているか？

デメリットは何なのか？　そのデメリットをカバーできる対策はあるのか？

そのデメリットをカバーしてどんなメリットに変えられるのか？

そこが貸手としてとても知りたいですね。

また、決算書は代表者の姿勢が顕著に現れます。

特に貸借対照表では、現預金、投資有価証券、借入金、自己資本額、中でも重要なのが貸借対照表の科目の推移とバランスです。

損益計算書においては利益がでたかという結果も大切ですが、なぜ利益が出たのか要因を把握する事が大切になってきます。

また、決算書はあくまでも過去のデータに過ぎません。

どれだけ良くても「過去」であり、重要なのは「今」と「将来」がどうなるか？　です。

その事を聞き出せるかどうかが金融機関担当者の力量を問われるところであり、そこをきっちりと語れる経営者はうまく金融機関をチームとしてタイアップする事ができるでしょう。

第4章

初交渉でもうまくいく
鉄板フロントトーク

渉外担当と融資担当どちらと話をすればいいの？

金融機関にアポイントを取ったときにどちらと話をすればよいのか？

それは渉外担当です。

渉外担当とは外回りで新規案件を取ってくる立場にあります。

なので、常に外にでていて支店内にはいないことが多いです。

アポイントを取るときは「渉外担当」の方が見込み客につながる可能性が高いので、親身に話を聞いてくれるでしょう。

暑い夏も、寒い冬も雨の日も風の日も、バイクでお得意先を回っています。

新規案件を取るために…

営業の経験をしたことのある方ならわかると思いますが、「見込み客」を開拓するのは本当に大変なんです。

そこに、見込み客になる可能性の方から連絡が入ったら…

期待しますよね！ それも、不動産となれば案件が大きい。数千万から億単位です。とてもありがたいわけです。

では「融資担当」はどうか？

新規の方には非常にドライな印象です。融資担当は、渉外担当が持ち込んだ案件を精査し、融資するかしないかを精査する部署なので、かなり慎重です。

私は当初、この金融機関の組織背景をしらなかったので「融資担当」につないでもらっていました。

結果は、言うまでもなく残念な結果…失敗体験だけが積みあがりました。

理想のながれは、渉外担当と面談→渉外担当が融資担当に相談→渉外担当と融資担当が同席で商談です。

ここにどちらかの役席が入ればさらにベスト。

渉外担当に案件のプレゼンをして、それをうまくかみ砕いて融資担当に相談してもらえば、話はスムーズに運びます。

2人とも、支店の融資獲得の数字を背負い、目標達成するために活動しています。向いている方向は同じなのですが、融資担当は案件を精査する立場なので、かなり慎重にならざるを得ない。そこを渉外担当に対して自分の事業計画をしっかりと伝えれば、渉外担当が融資担当と話を進めてくれるのです。

私の経験で初めて一棟物を購入した時、最初の面談で渉外役席と融資担当が同席してくれました。

渉外役席は私のプレゼンを聞きながら、適度に質問をしてきました。

一方、融資担当は隣で口を開かず、厳しい眼差しでジッとみていました。

今思い出してもドキドキします。

その後、融資担当も、ポイントをついた質問をしてきましたが、自身で物件の事を調査して理解していれば分かる範囲だったので、自信をもって回答しました。

この質問に対し、迷いなく即座に答えられることがポイント。

これは相手がとても安心します。

数千万から億単位の融資を受けるわけですから、物件に対しての質問に答えられないような借手だったら、「貸せない」と判断されかねません。

その後、その融資担当の厳しい眼差しにも変化が見られ、場がとても和らぎました。

私の気持ちの中で「この案件はうまくいきそうだな」と直感的に思いました。

結果は、1億1000万のフルローンを獲得。金利は2%後半で、当時のレートで若干高いかなという感じでしたが、不動産投資の実績のない私です。そこは仕方ないと納得し、見事、不動産投資家として第一歩を踏みだしました。

案件を100歩前に進める最強コミュニケーション

「ヒラでは話にならないから、上と話をさせてほしい」

これも、意外に多くある事例です。

投資家の中でも、訪問の際にそうアドバイスしている人もいるので、実践している人もいます。

私からすれば、「あなたは何様のつもりですか?」と言いたくなります。

クレームで炎上して担当者では全く話にならない事件、トラブルならまだしも、最初の訪問で支店長と話をさせてほしいと平然と言えてしまう人がいるのです。

こういった方は、サラリーマンの幹部クラスであったり、士師業で常に周りから持ち上げられている人が多いと私は感じています。

私もハウスメーカーでアフターサービスをしていた時、屈辱的な対応を受けたことが多々あります。

現場作業員って最初はなめてかかられるんですよ。

雑用係的で、なんでも呼びつけてやらせればいい、と。

都合の良い時は、ニコニコですが、思うようにならないと様相が一変。無理難題を平気で押し付けて、罵倒してきます。

「お前では話にならない。上を出せ」と。

私は上席に「甘い対応をとるとあとから余計に面倒なことになる客なので、シビアな対応でお願いします」と現場の状況を説明し、その客の言いなりにならないように打ち合わせていました。

そして、顧客情報に「要注意人物」と履歴に残しました。

とても高い買い物をして、この先何十年も住んでいかないといけないのに「要注意人物」のレッテルがずっと残るのです。そして、最低限のサービスは受けられますが、プラスアルファーの気持ちの部分で、サービスは受けられなくなります。

長い目でみれば、相当な損をしてしまいます。

自尊心の保つための所行で、家族もみんな巻き添えです。

当然、そんな客とはかかわりたくないので、距離を置きます。

こういった人は、公私の境が見分けられていない裸の王様的な人です。

大抵、自分本位な要求を押し付けてくるタイプは、○○部長とか○○課長、○○リーダーの中間管理職に値する人が多い。

プライベートなのに肩書付きの会社の名刺を「どうだ」と言わんばかりに出してくるんです。

こちらとしては、「だから何？　特別な待遇でもしろってこと？」としか思いません。

実は、こういった肩書がなくてもできる人間はできるんです。

私も中途で入社し、30歳で平社員で新人でしたが、仕事はできましたので、社内でもそれなりに意見をできる立場でした。

私はこのハウスメーカー時代に、人との接し方を反面教師として学び、それが大いに役立っています。

もちろん、支店長や副支店長、次長のほうが話は早いです。

でも、関係性の実績がないのにいきなり「そこの幹部に会わせろ」という方は、自分勝手極まりないと思いませんか？

どんな組織でも中間管理職は部下を持ちます。

その部下をかわいがっている人はいます。

上席は、部下にそんな態度をとる人の案件を前に進めようとおもいますか？

部下は良い稟議書を書こうと思いますか？

お客様に一番近い人が一番こわいんですよ。なめてかかって損をするのは自分です。

担当に肩書が無くても役席に会うための関所と思え！

仮に支店長、副支店長の幹部が対応してくれても、本人が稟議書を書くわけではありません。

案件によっては次長や支店長代理が稟議書を書きますが、通常だと稟議書を書くのは担当者です。

支店長、次長の幹部クラスでも、支店内協議で担当者が「やめたほうが良い」と判断すればその意見を尊重します。

行員がどのような人と話をしているのか、話を聞けばその人がどのような人かすぐに察します。

金融機関はネガティブな事案にとても慎重です。

担当者がやめておいたほうが良いと思う案件を、無理に通す必要がありますか？

支店長、副支店長、次長とその席につくまで多くの人に会い、実績を残し評価され今の地位にいるのです。

関係もできていないのに、「ヒラじゃなく支店長を呼べ」などと、気分を害するような一方通行的な要求をすれば「面倒な客になりかねない」と判断されます。

結果、「融資はやめとけ」ということになり、お断りの電話が担当者より入ります。その金融機関で取引をし、信用と実績が蓄積されていれば、対応は全然ちがうのでしょうが、関係性も乏しい金融機関で横柄な対応をとれば、人間性を疑われます。

金融機関の人事は長くて3年から5年。短くて2年から3年で転勤になってしまいます。百歩譲ってその時に、たまたま融資が受けられたとしても、引き継ぎ書にネガティブな事を書かれたら、後任はそういった眼差しで見るのでマイナスです。

一方で、もし最初に対応してくれた担当者がひと回り以上年下であっても、年齢や肩書きに関係なく真摯な対応をしたら、担当者はどう思いますか？

また仕事を一緒にしたいと思いますよね。

担当者は当然、あなたの属性、肩書を知っています。

間違いなく、尊敬に値され、上席に自らつないでくれるでしょう。

私が取引している某信用金庫の当時の次長（元支店長）いわく、「融資案件に思い入れが入ると、稟議書にそれが伝わっている」と話しています。

その次長は、今まで自身が取り組んだ案件の稟議書をすべて取っているそうです。

それを見てみると、稟議書のなかでも明らかに気合いの入り方の違いがわかるそうです。

その稟議を書く担当者の思い入れが上席の気持ちを動かし、本部の審査部の気持ちを動かすのです。

行員は、その日にどのような活動をしたのか上席に必ず報告します。

その報告の時に、担当者が「この案件、取り組んでみたいので次回、会ってもらえませんか?」と上席に相談すれば、あなたの案件は高確率で審査の土俵にあがりますし、次の面談の時には役席が同席します。

その役席が支店長とともに本部にかけあってくれれば、期待できる結果になるでしょう。

金融機関は縦社会です。

有力者の紹介がない限り、役席はでてきません。

まずは、一般職員が担当します。

大家を目指すあなたは、自社の商品を理解し、購入してもらう営業マンなんです。

購入してもらえるように真剣にプレゼンすれば、パートナーとしての気持ちが伝わり、本気で取り組んでくれます。

その気持ちを上席に取り次ぐのは一般職員です。

その職員の気持ちを汲んで話を前に進めるのは、上席である支店長代理や次長です。

つまり、まずは一般職員ありき。

この基本をわすれないことが、融資獲得への大切なファーストステップです。

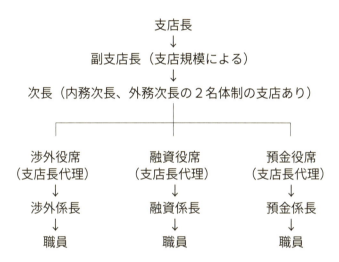

金融機関の組織図

支店長
↓
副支店長（支店規模による）
↓
次長（内務次長、外務次長の２名体制の支店あり）

渉外役席（支店長代理）	融資役席（支店長代理）	預金役席（支店長代理）
↓	↓	↓
渉外係長	融資係長	預金係長
↓	↓	↓
職員	職員	職員

一般的な事例であり、呼称、組織編成は金融機関により異なる

主観と客観を盛り込めば信頼度は格段にアップする

金融機関のプレゼン方法で、一番最悪なパターンを紹介します。

例1
先日、不動産業者から物件情報をもらいました。
業者がなかなか出ないおススメ物件だと言っているので、良い物件だと思います。
業者から「この銀行なら融資してくれるだろう」といわれたのでお伺いしました。
物件は、忙しくて見に行けてないのですが、
ストリートビューでみたら綺麗だったので、大丈夫かなと思います。
物件を購入したあとも、きちんとフォローしてくれると言っています。
私の友人も不動産投資で儲けていて、お前でもできると言ってくれたので、
チャレンジしたいです…

このフレーズを見て、この人なら大丈夫！　融資しても安心だ！　と思うような金融機関はあると思いますか？　でも、実際にこういったお話はとても多いのです。感覚的に、

コンビニやアマゾンで品物を買うようなイメージです。金融機関の担当者から、「安藤さん、最近こんなサラリーマンが多いんです」とあきれた表情で話してくれました。不動産投資熱が高まったこの2~3年で、このような人が増えたそうです。

では、こんな感じで担当者にプレゼンテーションしたらどうでしょう。

例2

先日、不動産業者から物件情報をもらいました。

不動産業者がなかなか出ないおススメ物件だと言って紹介してくれたので、私は資料の内容を確認し、立地、利回りなどの数字的にも良好だったので現地に訪れて物件を調査してきました。

境界の杭も入っていましたし、外部の修繕の状況、入居状況ともに良好です。

最寄りの不動産仲介店を3件ほど回って、物件の家賃設定、需要と供給のバランス、競争力を確認してきました。

その結果、不動産業者が言っていたように良い物件でした。

訪問した仲介店より、「物件を購入したあとも自社で管理させて欲しい」とアプローチを受けまして、現在見積りを取っている状況です。

少しでも良い条件にするために、他の管理会社にも見積りを依頼しています。

仲介店の管理責任者からも、「この物件なら自信をもって満室にする」と太鼓判を押してくれています。なので購入後のフォロー体制は整っています。

私の友人も不動産投資で成功していて、サラリーマンをしながらでもしっかり賃貸経営をしています。私はこの友人と常に情報を交換しながら、賃貸事業として収益の柱を構築していく計画です。


この2つの例をみたら、明らかに2例目の方が印象もいいし信頼してくれます。

「業者が良いといったから良いと思います…」

ではなく、**「自分の目と第三者からもお墨付きをもらったので間違いなく良い案件です」**

と言えるようになりましょう。

このように主体性を持ったプレゼンができる事を目指してください。

そんなに難しい事ではありません。

このようなプレゼンができれば、担当者からの信頼度が格段に上がります。

業者の言っている事を垂れ流すのではなく、自分の目で確かめてモノを言いましょう。

それだけで、結果がまったく違ってきます。

自分の意見で伝える事は、貸手にとってこんなに安心な事はありません。

100%相手の印象を悪くする自滅トークとは？

金融機関の嫌うことの1つとして、他行の悪口を言う事です。

なぜなら、他行の悪口を平然と言う人は、「自分の店の事もほかで言っているだろう」と思うからです。

また、金融機関の方は他行はライバルではありますが、同業種という面では仲間意識があり、プライドを持っています。

金融機関の研修は、他行と合同で行うケースも多く、同じ仲間として情報交換しているものです。

同じ金融機関に従事する者として、「もっと金融業界を活性化し、社会に貢献していきたい」と思っていますから、ある意味「同じ釜の飯を食べる仲間」なんです。

金融業界も史上最低金利が続き、「融資の取り合い合戦みたいな状況にあり、他行は敵のような関係」と一見勘違いしてしまいそうになりますが、実は違うんです。

「○○銀行は対応が悪くて金利も高いからダメ。御行と付き合いたい」「融資案件を持ち込んだのに冷遇されてひどい銀行だ！　だから良心的な銀行を探したいと思って御行に伺いました」のようなトークは絶対にダメです！

確かに気持ちはよくわかります。

私も駆け出しの頃、傷つくような対応をされたことはありますので、愚痴の1つでもいいたくなっても、それは普通だと思います。

中には、ライバルの「悪口」を言えば相手が「チャンス」と思って自分に売り込んでくれるだろう、と勘違いしている人もいます。

でも、貸手からみたらこう映ります「借手になにか問題があるから貸さなかったんだろう。他行が手を引いたのならうちもやめておこう」となります。

業種によっては通用するのでしょうが、普通の一般の金融機関には通用しません。

あったとしても高金利でしょう。

「闇金」なら喜んで「ぜひうちで！！」ということになるでしょうが…。

また、貸手として借手側の納得いく条件が提示できる、とは限りません。

もし、できなかった場合に「感情」に走られて、他行に悪口を言われたりトラブルになったりでもしたら面倒だからです。

そこで審査もせず、融資不承認決定です。

他行へ行く理由として、ネガティブな理由よりもポジティブな理由を探して訪問する方がよいに決まってます。

これで、結果が180度変わってきます。

たとえば、「今回の案件はとても希少案件で、なんとかして取得したいと思っている。少しでも資金計画に近い条件で取り組んでくれる金融機関と取引したいと思って、今回は御行を含め3行に話をもっていってます。もちろん条件次第になりますが、一番最寄りでもある御行で取引したいと考えています。」とか、「前向きに検討、または内諾してくれたのですが、諸条件で合致しなかったので止む無く、他行を開拓してます。ぜひ御行の意見を聞かせて欲しい」というような言い回しをすれば、担当者も納得します。

お金に関する業種の方は、何事にもとても慎重です。

つねに「裏には何があるのか」を考えています。

そんな中、他の金融機関で自分が気分を害したことを、新規の金融機関に愚痴ってしまうなんて完全に自殺行為です。

天に向かって唾を吐くようなものです。

ライバルとは言え、「悪口は百害あって一利なし」これは間違いありません。

担当者は不動産投資に詳しいとは限らない

金融機関の担当者は不動産投資の事に詳しいだろう…

私も当初、そう思っていました。

でも、実際はそうでありません。

不動産関係を多く扱った経験がある行員・庫員であれば詳しいですが、担当者が不動産投資についてよく知っていると思い込んで、業界用語をならべたり、不動産投資の内容を一方的に話しても相手は理解できません。

例１：ＡＤ↓「広告宣伝費」（仲介店）
例２：バック３↓「ＡＤ３か月」（呼称は他にもいろいろある）
例３：サン為業者↓「第三者の為の契約を得意とする業者」（旧中間省略）

分からなさそうな表情をされたり、質問がきたら、丁寧に教えてあげましょう。

「何でこんな初歩的なことがわからないの？？」

「あなたアパート関係の融資の経験がないんですか？」

「こりゃだめだ！」


なんて事は絶対に言ってはいけません。

最近、セミナーや書籍で知識を入れて、あたかも自分がベテランの投資家のようになった気分で、知識をぶつけて、相手が答えられないことで自己満足している「自己満君」が多く増えてきたといいます。

これは、金融機関だけでなく、不動産会社に物件を紹介してもらいに行った際も同じです。

金融機関に訪問した際には、「何か質問があったら何でも聞いてくださいね！」という気持ちでいてください。

役柄で言えば、**こちらは不動産投資のスペシャリスト、金融機関は金融のスペシャリストです。**

そこを勘違いしないように！

そして、質問をうけたらしっかりと回答し、わからないことは後日回答する。

自分が、社内外でセミナー講師として、相手にプレゼンする心構えが必要です。

相手の侮辱も融資獲得につなげる超メンタル術

私は金融機関の開拓、付き合いの際に怒ったことがあるのは前述のとおりです。

原因は預金通帳、定期預金も行い、事業内容もすべて開示し融資案件を持ち込んだのに、その案件の放置が発覚したときです。

私は激怒してしまいました。それ以降、その金融機関とはお取引できていません。

その後、同金融機関と深い関係にある方と同行し、別の支店に抜群の物件を持っていき、支店長はＯＫでしたが、本部で不承認。

原因は、**トラブった支店から連絡が行き、本部のＮＧ履歴に残っていた**からだそうです。

怒った私が悪いと思っていますが、さすがにその金融機関の対応は客観的にみても納得のいくものではありませんでした…。

私は、もうその時、２棟保有しており、賃貸事業の実績が2年ありました。

その担当者は中堅的な立場で、新人でもなく話も理解してくれて「近い将来、融資がうけられるだろう」と期待していました。担当者もぜひ、うちで取り組みたいと積極姿勢。

そのためには家族の預金通帳を作ってほしい、定期預金をしてほしいと言われ、私はそりゃそうだよなー、と納得して応じていました。

そして、「小さい額でもいいので、取引がしたいので何か案件がありませんか？」といわれ、ちょうど300万円程の修繕費が見込まれていたので、実績をつくるにはチャンスだと捉えてお願いするようにしました。ところが、その融資条件にある条件を提示されました。

その条件とは「同じ金額の定期預金を入れること」です。私は、「定期はいいのですが、それは必要な時にすぐに解約できるんですよね？」と問うと、担当者は「返済した分だけは解約できます」と回答。

私　お金が必要なので借りるわけで、同じ金額を定期でとられてしまって、返済した分だけしか解約できないなんておかしくないですか？

担当者　その条件で実績を作ることで次回に有利になりますから。

私　でも、そんな条件だったら預けた自分のお金に利息を払って借りているようなものじゃないですか。

担当者　そうなんですけど、実績があると有利ですから。

私　一度、検討させてください…

私はその話の前に案件を持ち込んで、融資を見送られていた経緯があり、「実績は大事だよな」って思っていた矢先なのでとても悩みました。

私はよく考えた結果、この提案を見送ることにしました。

確かに実績は欲しいのですが、いくら何でもメリットを感じない。

これが、融資を取り組んでもらった後なら、キャッシュフローも生まれますし、資金に余裕ができますので、多少のことは目をつぶります。しかし、融資前ではデメリットしかないと感じました。

のちに知ったのですが、この提案は「300万円定期預金して、利息を払って300万円借りる。定期預金は返済した分のみ、解約できる」ということで「歩積・両建預金」と呼ばれるものにあたります。このような条件を出されたらメリットゼロどころか、損をしてしまいます。

金融機関とのお付き合いの中で、こちらが多少の出費があっても融資していただいたおかげで儲けがでて、担当者の勧めるままに定期預金をしたり、金融商品を購入するのは全然アリだと思っています。それで、お互いがメリットを生むような商品であれば、全然OK。

取引している金融機関からのお話があれば、前向きに検討しています。

しかしこの金融機関は、もっと私を怒らせてしまうような事をしたのです。

それは、持ち込んだ融資案件を、上席にも報告せずほったらかしにしていたのです。

何のための融資なのか！

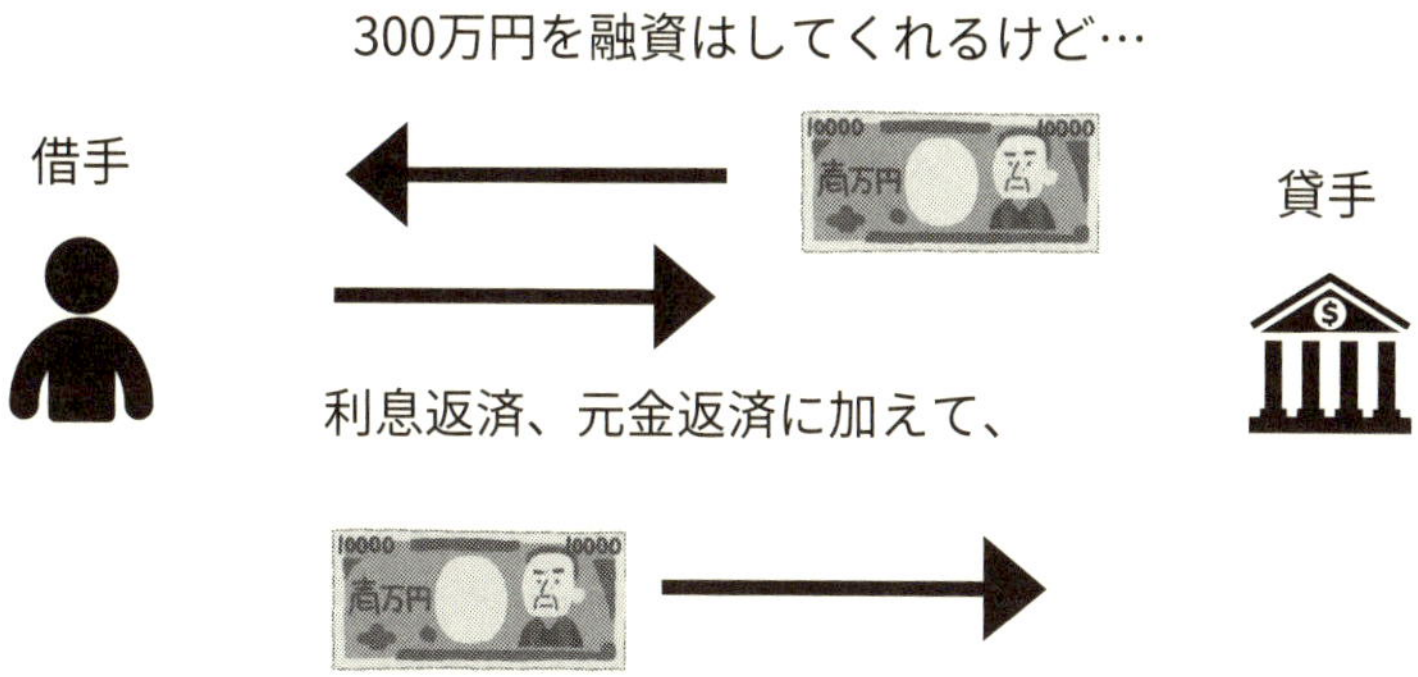
300万円を融資はしてくれるけど…
借手
貸手
利息返済、元金返済に加えて、

300万円を定期預金として預け、返済した分のみ解約できるという借手のメリットゼロの条件

何度か訪問し、顔なじみになった支店長がその案件の事を知らなかったのです。

持ち込んでもう3週間。担当者とはTELでやり取りをしていて「審査中だ」と言っていたのに、嘘をついていたのです。

私は完全に切れてしまいました。

担当者を呼んでもらい、かなりの勢いで怒りました。

支店内は緊迫した雰囲気になってしまいました。

その後、支店長が改めて謝罪に訪れましたが、関係を修復する事は不可能でした。

仮に現担当者が誠意のない対応、人としてモラルの欠けた担当者だったとしても、3年ほどで転勤していきます。

その担当者とは良い関係が築ける見込みがなくとも、後任の担当や別の支店で新たな道が開けます。

怒り心頭な場面があった場合にも一呼吸おいて、冷静な対応をしましょう。

担当とトラブルを起こすと
本部の履歴に残ってしまい
融資獲得の障害になる

担当者に突っ込んだ質問はしてはいけない

私だって金融機関にストレートに聞きたいことはたくさんあります。

たとえば、

・どのようにしたら御行においてフルローンでお金が借りれますか？
・金利は○○％で借りられますか？
・なぜ、今回、融資が見送りになったんですか？
・物件の評価の算出方法はどのようにするのですか？

でも、これらは貸手にとって話したくない事なのです。

聞いたって本当の事を教えてくれることはありません。

なぜなら、審査をしてみないとわからないこともありますし、借手である自分が原因の時もあるし、貸手側の原因もあるからです。

本音は貸手のみ知るところです。

アパートローンや不動産投資ローンのような、パッケージになっているものならガイドラインが引かれているので、その範囲内であれば、教えてくれるかもしれません。

でも、そのガイドラインにはまっていても、融資不承認になることは多々あります。

私も、オリックス銀行（当時オリックス信託）や地方銀行で、中古アパートローンでパッケージ商品があったのに不承認になりました。

なぜ、不承認になったのか気になってしかたありませんでした。

次回の参考にしようと思うからです。

しかし、何度か聞いたことがありますが、「総合的に判断して見送りです」の一点張りです。

取引が長くなれば教えてくれることがありますが、本当に信頼関係ができないと無理です。

先方が話しにくそうな表情をしたら、無理に聞かないことが大事です。

そこで、関係がぎくしゃくしたら損なので、次の波に乗れるように期待した方が得策です。

逆境から勝利につなげるベストの思考習慣とは

融資不承認の理由では、「総合的に判断をして見送る結果となりました」と定番のトークで断られることが多いと思います。

また、断る理由で「親の資産も二束三文しかないし、保全にならない」「そもそもサラリーマンが収益不動産を買うこと自体おかしい。百年早い」など、侮辱的な言葉をあびせられるだけでなく、延々と30分間説教を受けたこともあります。

「借りられない理由はあなたにある。悪いのはあなただ」

それに近い言われ方をすれば、だれだって頭にきますし、怒ります。

でも、言い方は悪いですが、これは一理あるんですね。

金融機関はお金を貸すことで利益をあげているわけです。借りられる人にはどんどん借りてもらいたいわけです。貸したほうが金利で儲けられるのに、貸さない。借手が信用できないから貸さないわけです。なら「悪いのは信用させられない借手にある」とも言えるわけです。

私は「借りられない理由は私にある」と考えを改めたら、逆に「次は何とかして取引してもらえる人間になろう」と、前向きになりました。

もちろん、その金融機関や支店サイドの内部情勢や担当者の力量等、自分に関係ない事もあるでしょう。

でも、本質的なバックグランドで考えれば自身に原因がある。

その後は、気持ちの折れるようなお断りトークをいただいても、「承知しました。また次回良い案件があったら、お話を聞いてもらえますでしょうか」と前向きな話をすることで流れが好転し、のちに新規、追加融資が決まったり、お断りを受けた金融機関から内諾のお話をいただけるようになりました。

断られると誰だって
いい気はしないもの。
断る側だって大変！

私は以前、とある不動産業者から金融機関を紹介してくれるという事で、同席したことがあります。

内容として、「ちょっと厳しいだろうな」と思っていましたので覚悟はしていましたが、案の定、その場で評価をざっくり計算され、取り組み不可。

不動産業者の営業は怒り始めました。

担当者は委縮し、融資できないの一点張り…

そうした時は、無理なものをひっくり返すのではなく、次につなげた方が得策です。

のちに理解できたのですが、断る側も大変なんですよね。

断られると、誰だってよい気分はしないし、逆切れしてくることだってある。

なので、「ある程度きつく言う習慣ができてしまった」のかもしれませんね。

某金融機関の現役支店長コラム④

自身が思い描く内容を語れることが最も大切です。

私がいつも大切にしているのは、代表者の「事業に対する考え、将来のビジョン」を持っているか？　です。
仮に、新規で事業を始めるにしても、業績が乏しかったりしてもそこをしっかりと語れる事が大切です。
過去に、業者に乗せられ、代表者の方の考えが見えてこない事例もありました。
本部での承認は得られましたが、全力で止めて融資しなかった事例もあります。

大切なのは、代表者本人が「事業に対する考え」「将来のビジョン」を持ち、さらに「リスク」をしっかり把握しているかだと思います。

その意味では主体性をもって話を頂くと、金融機関の担当者に伝わり、融資獲得の結果に結びつく可能性は、格段にあがります。

第5章

金利を超有利にする最強交渉術

「将来の不安に備えて」は投資理由としてネガティブ

金融機関はみなポジティブです。

なので、ネガティブな借手を基本的に嫌います。

金融機関は「社会貢献に対しプラス思考の個人、会社の将来性、収益性に期待し融資する」のであって単なる「金儲けを考えている人やお金に困っている人」を支援することが仕事ではありません。

昨今、不動産投資を行う人の主な理由は「将来への年金不安に備えて」「会社の給料が安く昇給が見込めないから」などです。

これは、一見ポジティブに聞こえますが、実は「ネガティブ」なんです。

「自分個人の将来に備えて今のうちから」という意味では、ポジティブですが、貸手からすれば「自分の保身の為に投資するわけでしょ?」ととらえられてしまいます。

本質は「将来のお金に困っている人」なんです。

金融機関は将来性、収益性、貢献性のある個人、企業に対しては、喜んで旗を振ってくれますが、ネガティブな話には後ろ向きです。

私ももちろんサラリーマン生活や年金に不安があって、不動産投資を始めました。

しかし、それ以前の目的として以下の3点を掲げていました。

1　将来、高齢者と子育て世代が交流できる賃貸住宅の供給
2　働く意欲ある高齢者に継続的に働く場の提供
3　高齢化社会に向けて、駅徒歩圏内の利便性の良い共同住宅の提供

2の「働く意欲のある高齢者に継続的に働く場を提供する」というミッションでは、愛知県長久手市シルバー人材センターより会員さんとの取り組みを評価され、顕彰者として感謝状をいただきました（次ページ写真）。

3の「高齢者社会に向けて駅徒歩圏内の利便性のよい共同住宅の提供」では、名古屋市内の地下鉄駅徒歩7分圏内に物件取得を進めています。

現在、着々と社会貢献に向けたミッションを歩み続けています。

そのミッションに対して、金融機関は応援をしてくれているわけです。

仮に不況下であっても、金融機関は融資案件を求めています。

担当者は、優良で優れた会社や経営者に出会いたがってます。

熱意ある経営者に共感し、担当者本人もエネルギーを注入され、経営者のファンになりたがっているのです。

経営者マインドを持つと融資は受けやすい

「日本一若い街 住みやすさランキング２０１７　第３位」（東洋経済）
「住みやすい街 愛知県１位」（ＳＵＵＭＯ）の愛知県長久手市より表彰を受ける著者（2018 年６月）

金融機関は前向きでプラス思考の
個人、会社が大好きなのです。

経営者マインドに必要な2つの軸

昨今、日銀のゼロ金利政策、金融緩和からくる不動産への融資と、年金不安からの資産運用を目的に始める不動産投資が重なって、不動産投資ブームが過熱しました。

それが原因で、無理な貸付も横行し、ついにスマートデイズ社の「かぼちゃの馬車」事件が勃発。

スルガ銀行の融資書類改ざんによって、不動産投資業界に激震が走りました。

その事件を発端に、サラリーマン向けのアパートローン融資は、さらに引き締めに入り、今までなら借りれていた人も借りれなくなってきました。

でも、その後もサラリーマンでも、資金を調達できている人はいます。

きちんと追加融資を受けられています。

その差は何か。経営者マインドがあるかどうかです。

その経営者マインドがないと、これからの不動産投資業界に参入することはできないだろうと、私はみています。追加融資も同じです。

では経営者マインドとは何でしょう。

自分が①事業主として、②管理運営ができている。もしくはできる見込みがある、ことだと私は思っています。

資産運用ではなく、賃貸事業としてきちんと運営できるだろうか。そう担当者に思ってもらえるかが、重要だということです。

属性をバックに安易に不動産投資ローンを借りる事が、とても危険だという事は、スマートデイズ社の「かぼちゃの馬車」事件が証明しました。

私はこのニュースを見ていて厳しい言い方になりますが、「貸して

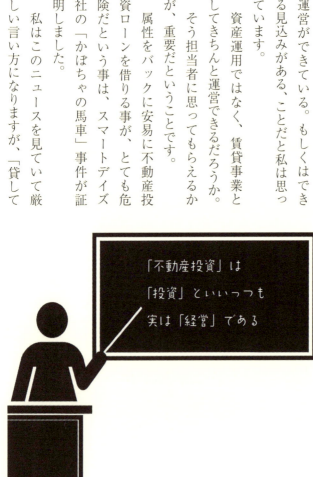

くれたから購入した」とか、「貸手の責任だ」とか言っている段階で、経営者としてアウトだと思っています。

確かにそうかもしれませんが、事業計画に納得して印鑑を押した。

その時点で経営者としての責任を負います。

不動産投資ローンをメインに行っている金融機関ではなく、地方銀行、信用金庫で融資を受ける場合、経営者としての資質をとてもシビアにみられます。

金融機関が口をそろえて言う事は「投資にはお金を貸さない。事業に貸す」です。

物件を買って終了。あとは「管理会社に丸投げして、通帳を見るだけ」的なイメージだと、リターンを求めるだけの「投資」としか相手に思われません。不動産投資は「賃貸事業」なのです。では「事業」とは何でしょう？

①仕事。特に、社会的意義のある大きな仕事。

②営利を目的として営む経済活動。

です。つまり、不動産投資には自分が中心となって社会貢献できるビジョンが必要なのです。たとえば、「アパートを取得し、子育て世代が快適に過ごせる居住空間を提供する」「高齢者低所得者層が、低料金かつ安心して住める高齢者向けの賃貸住宅を供給していく為に、いま自分はこの物件を取得するのです」というようなビジョンがあって初めて、事業といえるのです。

ビジョンがあると、自然に事業計画ができてきます。

私は不動産賃貸事業を通じて将来的に、「駅、病院が徒歩10分圏内にある場所に、若い世代と高齢者世帯がともに過ごせるコモンアパートを供給したい」というビジョンをもっています。

その為に、中古のマンションを取得し、財務基盤を固めています。

そのことを金融機関にプレゼンすることで「事業」として認めてもらいました。

経営者としての自覚があれば、不動産投資の世界で事業拡大することは可能なのです。

融資1億なら金利1%で年間100万円もの差異が出る

世の中には、資金を調達する方法はたくさんあります。

消費者金融やカードキャッシングを使えば容易に現金が手に入ります。

普通のサラリーマンであれば間違いなく審査も通り、簡単な記述をするだけで面談もなくスルーしてしまいます。

今では、大手金融機関のグループに入り、そのネームバリューをバックに高金利で貸している金融業者もあります。

実はこれが甘い罠だったりします。

仮に「大手金融機関のグループだから安心」といって、融資をうけてしまうと大きく信用を失ってしまいます。

貸手からすれば、「銀行はもちろん、身内からもお金を借りることのできないくらいお金に困っている人」「高金利でもためらわずお金を借りてしまう人」という認識をしてしまいます。

本人にそんな意識がなくても、貸手からすればそのような人にお金を貸すのは危なくて遠慮してしまいます。

金融機関は、他に借入れがないかどうか、特に詳しく調査します。（第6章の「信用情報機関」の項を参照）

私の事例です。

私は不動産投資をする3年ほど前に、新築一戸建てを購入しました。

土地と建物合わせて3200万円でした。

当時、私の年収は300万代で、住宅ローンを組もうにも地銀、信金他どこも相手にしてくれませんでした。

何とか、不動産業者の担当者がやり手の銀行マンを見つけてくれて、前向きに取り組んでくれることになりました。

しかも、メガバンクで！

地獄に仏とはこの事かと、感動しました。

やっぱり、やり手の銀行マンは全然ちがいます。

順調に話が進み、予定していた借入れ分も満額回答。

今、振り返っても相当なやり手だったと思います。

そして、金銭消費貸借契約の日にちを決めて必要書類をまとめて準備していました。

ところが、契約前日になって、突然担当者から焦った様子でＴＥＬが入りました。

担当者　安藤さん、どこかでローン組みました？　車買ったとか。
私　いえ、買っていませんが……
担当者　本部から、先日の融資金額に数百万単位の減額の連絡がはいりまして……
私　えー！？　絶対にないです。何が原因か教えてくれないのですか？
担当者　本部は原因を一切教えてくれないんです。何かありますので調べてください！
私　わかりました！

調べてみると、なんとクレジットカードの引き落としがあって残高が足りず、預金をしていたＪＡの自動融資が発動していたのです。

その額、たった１０００円程の自動融資。

通帳を印字すると、１万１０００円として出てきました。

当時、貧乏だった私はその金融機関で30万までの借入枠を作ってました。

金利は７％。

ＪＡカードは消費者金融より格安で、「ある時払いの催促なしが売り」で私にとってはありがたいカードでした。

担当者に連絡したところ、間違いなくそれだという事になり、預金を入れ返済。

その返済したエビデンスが欲しいという事だったので、速攻で通帳をコピーし、ＦＡＸしました。

そしたら、やはりそれが原因でした。

まさか、それがひっかかるとは…

無事、当初の予定金額の承認を得て、無事に金銭消費貸借契約をすることができました。

たまたま住宅ローンだったので融資に漕ぎつけたのですが、事業性の融資だったら一発アウトです。

金融機関は念には念を押して、直前にもう一度与信の確認を入れるんです。

私の取引している金融機関の担当者に直接聞きました。

「高金利の銀行や消費者金融からの融資、カードでのリボ払い（一括払いはＯＫ）、キャッシングをしている人は、融資検討の土俵にのるんですか？」と。

答えはＮＯ。「基本、融資を見送る」と言っていました。

厳しい言い方になりますが、**金利を甘く見る人はお金に対するリテラシーが低い**とみなされ、安易にお金に振り回されてしまう印象を持たれます。

さらに、追い打ちをかけるようになりますが、そういった方は不動産投資で失敗するリスクは相当高くなります。

不動産投資を行う中で、金利の１％はとてつもなく大きな数字です。

1億借りれば年間100万円も違ってきます。

利回りの1％と同じです。

カード類を使用したプライベートのお金の使い方、不動産投資ローンを扱う銀行から高金利で融資を受けた人は、次に物件を購入するときはもちろん、借換も大変苦戦します。

私の知人の投資家の何人かは高金利を計算にいれて、スルガ銀行からのちの借換を想定し、積算評価と返済期間をしっかり見積もり、融資を受けたので、借換に成功しました。

それでも信用をつけるまでに想定外に大変苦戦したと言っていました。

このように、戦略的に、数字を見ながら融資を受けた人でも、大変苦戦しています。

仮に支店、担当者は理解しても本部ではじかれてしまいます。

高金利の金融機関は借りやすいですが、リスクを伴います。

借りるにしても相当覚悟してください。

自己資金が足りないからと言って絶対に、安易に借りない事をお勧めします。

融資的に良い物件の5つの条件

良い物件であれば融資獲得になる、と多くの方は思っています。
この考えは間違いではありません。正解です！
でも、条件がそろっていても融資獲得できる、と期待してはいけません。
融資が付かない事は往々にしてあるのです。
良い物件とは主に以下になります。

1 積算評価を満たしている
土地、建物の積算評価＞物件価格

2 収益評価を満たしている
利回り8～10％以上

3 土地以下である
土地値＞物件価格

4 駅徒歩圏内である
人気路線沿線の駅から徒歩10分以内

５ 新築、築浅案件である

修繕は当面不要。新築プレミアムで客付けしやすい

以上１～５まであげさせていただきましたが、２つ以上当てはまっていれば良い物件に該当します。

当てはまる条件が多ければ多いほど好条件になります。

全部あてはまる物件なんて皆無です。

もちろん近隣環境によっても差がでてきますので、ここでは近隣環境を考慮しないものとします。

この中の２つでも当てはまっていれば、速攻で買付です。

しかし、昨今の不動産投資に関するマーケットを見れば、ご理解いただけると思いますが、なかなか条件に見合うような案件に出会うことはありません。

仮にそんな物件に出会っても、融資の段階で不承認となり、冷や水を浴びせられることになる可能性があります。

私の経験ですが、駆け出しの２００７年頃、愛知県名古屋市内、築20年、ＲＣ、利回り11％、価格１億１０００万、積算評価１億３０００万、駅徒歩7分の案件がありました。

不動産業者の紹介で、金融機関に融資審査を申し込みました。

諸条件は当時の近隣相場として、良い案件でしたのでウキウキしていました。

ところが結果は…

「融資額6000万円までしか出せない」との回答。

私は奈落の底に落とされた気分になりました。

何で？？？？？

紹介をいただいた不動産業者も唖然としていました。

この時は理由を聞いたのですが、「物件の評価がそこまでしかでなかった」との回答。

他行にも持ち込みましたが、8000万円までしか出せないと回答。

購入にかかる費用は、土地、建物で1億1000万＋諸費用約800万。

自己資金が1000万しかなかったので、購入は完全に無理です。

その案件は、結局購入には至りませんでした。

しばらくして、愛知県内のK市で築15年鉄骨、利回り12％、価格8000万、積算評価4800万の案件をもちこみました。

利回りと客付けに有利なエリアだったので持ち込んだのですが、審査結果は7600万。後に分かったのですが、この金融機関はサラリーマンに対して1億までしか融資しないという基準があり、それ以内であれば、積極的に融資している事がわかりました。

あと、直近の事例として、私がコンサルで携わった案件ですが、年収2000万、士師業の方、年齢も40台半ばで実績のある方です。

名古屋市の物件で、築16年RC、利回り8％、地形もよく積算評価を満たしている案件です。

私の試算では、高属性であり、取引事例を比較しても十分内諾がもらえる水準の案件でした。

その方の取引のある地元の信用金庫、不動産投資に積極的な地方銀行に持ち込みましたが、いずれも不承認。

おそらく、その方の与信に問題があったのではないかと思います。

自分では気づいていないところで

いつの間にか与信が傷ついていることがあるので気を付けたいところです。

セミナーや書籍で、「積算評価、収益評価を満たしていれば融資がつく」ともとれる話を聞きますが、あくまでも一般論です。持ち込んでみないとわからないというのが本当のところです。

私は真に受けて、「条件を満たしている案件だから、融資がつくだろう」と安心していて、結果つかなかった事が何度もありました。

融資獲得は何がネックになって、何が障害になるのかわかりません。

またその逆に、皆が買うのを見送るような条件の悪い案件に、「なぜこんなに融資がつくの？？」なんてこともあります。

良い案件であれば、融資獲得につながるわけではありません。期待半分くらいでちょうどいいかもしれません。

真意は貸手である金融機関のみぞ知る。

まずは持ち込んでみるしかない、というのが本音のところです。

某銀行の〈アパートローン〉の商品概要例

金利区分	変動金利型	固定金利特約型
お使いみち	♦ アパート・賃貸マンション・貸店舗・貸事務所など賃貸用建物の取得資金や増改築資金 ♦ 投資マンション取得資金 ♦ 賃貸物件併用の住宅※ ♦ 賃貸物件取得にかかる借り換え資金 ※ご本人が使用される住宅・店舗・事務所の床面積は全体の面積の５０％以内とさせていただきます。	
ご利用いただける方	♦ ご融資時満２０歳以上７０歳未満、最終返済時満８２歳未満の個人の方 ♦ 賃貸収入で返済可能な方 ♦ 土地を自己所有する方、または自己資金で所定の担保掛目をクリアする方 ♦ 原則として団体信用生命保険に加入を認められる方	
融資金額	２億円以内で次の範囲 ① 所要資金の範囲内、かつ所定の担保価格の範囲内 ② 次のいずれかを満たすこと a．賃貸収入（複数物件がある場合はその合計額）の７５％−その他借入金にかかる年間返済額≧本借入の年間返済額 b、賃貸収入の７０％+税込み年収（家賃収入を除く）×（下表の年間返済比率−１０％）−その他借入金にかかる年間返済額≧本借入の年間返済額 税込年収（家賃収入を除く）／年間返済比率 ２００万円超３００万円以下／２５％以内 ３００万円超４００万円以下／３０％以内 ４００万円超／３５％以内	
融資期間	①鉄筋・鉄骨　３０年以内 ②木造　２５年以内	
融資利率	年２回見直しを行います。	固定特約期間中は変わりません。
返済方法	元利均等月賦返済と元金均等月賦返済のいずれかをお選びいただきます。 返済額の試算、その他具体的な返済方法については融資窓口でお尋ねください。	
担　保	ご融資物件に第一順位の抵当権を設定させていただきます。	
保証人	・団体信用生命保険を付保しない場合、法定相続人全員の方の保証が必要となります。 ・団体信用生命保険を付保する場合は法定相続人１名以上必要です。 ・担保提供者がいらっしゃる場合、その方の保証も必要となります。	
取扱手数料	２１０，０００円（消費税含む）	
その他手数料等	金利特約設定手数料１０，５００円（消費税含む）は、お借入当初は不要です。 条件変更手数料：１０，５００円（消費税含む） 繰上返済手数料：　５，２５０円（消費税含む）…変動金利型の場合 固定金利特約型の場合、所定の繰上返済違約金を申し受けます。	
火災保険	建物について建物時価相当額を保険金額とする火災保険にご加入いただき、その保険金請求権に第一順位の質権を設定させていただきます。	
団体信用生命保険	所定の団体信用生命保険にご加入いただきます（保険料はお借入金利に含みます）。	
ご用意いただくもの	♦ ご本人確認資料（運転免許証など） ♦ 所得確認書類(a)給与所得者の方は、前年度の勤務先の給与証明書（または源泉徴収票）および住民税決定通知書等の公的所得証明書。 (b)自営業・法人代表者の方は、過去３ヵ年の納税証明書（その１・その２）（税務署発行の所得金額、納税金額の記載のあるもの）および確定申告書（写）を各々１通。 ♦ 印鑑証明書（２通） ♦ 住民票または、外国人登録原票記載事項証明書・外国人登録票の写し ♦ 戸籍謄本（保証人方式の場合） ♦ 物件、所要資金を確認する書類 (a) 土地付建物・マンションを購入する場合 ◎土地・建物の登記簿謄本◎売買契約書（写）◎土地の公図または実測図◎建築確認通知書◎物件説明書（重要事項説明書）、パンフレット◎事業計画書 (b) 建物の新築・増改築の場合 ◎土地の登記簿謄本◎建物の登記簿謄本（増改築の場合）◎建築請負契約書（写）と建築見積書（写）◎建築確認通知書◎底地の公図または実測図◎事業計画書 (c) 借り換えの場合 ◎土地・建物の登記簿謄本◎売買契約書（写）◎建築請負契約書（写）と建築見積書（写）◎建築確認通知書◎返済予定表、返済の実績を確認できる書類 ※その他、必要に応じてご用意いただく書類がありますので、詳しくは窓口でご相談ください。	

※　詳しくは店頭にお問い合わせください。店頭に商品概要説明書をご用意しております。

付き合いで購入した投資信託などは融資獲得に有利？

金融機関が勧める金融商品の購入をすることで、融資に有利に働くかどうかは気になるところですが、答えはＮＯです。

金融機関の担当者は預金、貸出、金融商品、保険、クレジットカードなど、背負う数字は膨大です。

なので、縁あった方に勧めてきます。

ただし、それを受けることで「融資をしてもらえるだろう」というのは考えが甘いです。「融資は融資、それはそれ」で分けて考えましょう。

私も過去に定期預金などしたのに融資が得られず、愕然としたことがありますが、それは自分が交換条件として都合の良い期待をしていただけ。

客観的に考えたら恥ずかしくなりました。

ただ、何らかの形で金融機関と取引ができると、距離がグッと近くなります。

担当者もその上席も数字に繋がり、とても感謝してくれます。

金融機関からすれば、顧客になるわけで新規のお客様とは別の扱いになります。

全く取引のない方とは線引きされるんですね。

仮に物件が出た際に、その銀行に持ち込んでも冷遇されることはありません。

きちんと話を聞いてくれますし、今後の役にたつようなアドバイスもしてくれます。

当然、案件を通そうと頑張ってくれるでしょう。

でも融資獲得に直結はしません。それだけは結果を真摯に受けとめるようにしなければいけません。

私はその考え方を理解したのち、保険やカードも作りましたが変に期待せず、「あって不便なものではないし、お互いのメリットになるなら」という感じで入会しています。でもそのおかげで気軽に訪問できる関係

「勧められた金融商品を
買う＝融資を獲得できる」
と思うのは短絡的

になり、支店長、副支店長、次長とも面識がもてるようになりました。

仕事以外の趣味のお話、業界の動向などお互いにメリットのある情報交換のできる関係になり、信頼関係の構築につながりました。

その後、好条件の案件が出たので持ち込んだところ、2億を超える融資の内諾をいただきました。

金融商品等の購入は融資獲得には直接関係しませんが「関係実績」として積み重ねられ、後に融資実績に結び付くこともあります。

金融機関の融資スタンスは常に変化しています。

その流れに乗った時には当然ながら、それまでの関係実績が強力なアドバンテージになります。

役席になると2年～3年以内に、担当者は早くて2年、長くて5年で転勤していってしまいますが、良い関係をもっていると、後任に引き継いでいってくれます。

今後の見込み先として引き継いでくれれば、後任も安心して接してくれます。

少し気長な話になりますが、戦略の1つとして頭に入れておくのもおススメです。

融資案件は2月、8月に持ち込めたら理想

融資案件は2月、8月に持ち込むと有利と言われています。

なぜなら、金融機関の決算が3月と9月だからです。

一般的な企業や特にサービス業界で、行われている決算総セールが決算月に在庫を処分し、売り上げをあげたいのと同様で、金融機関も貸出残高を上げたいのです。

事業性ローンは住宅ローンやマイカーローンと違い、公に決算貸出キャンペーンなんてしませんが、決算時期を頭に入れておくのも融資獲得への近道です。

3月、9月が決算なのになぜ2月、8月なのかというと、融資案件を持ち込んでもすぐに、融資承認が得られるわけでなく、おおよそ1か月から1・5か月の審査期間が必要だからです。

2月上旬に持ち込めば3月中旬に内諾がおりて、金銭消費貸借契約を結び、3月末に決済の流れになります。

一部金融機関では数日で内諾がおりて、1か月もなく決済ができてしまう金融機関もありますが、金利やその他の融資条件も厳しいものが多いです。「決済が早いから」という安易な考えで利用せず、戦略的に使っていった方がよいでしょう。

物件が出るタイミングは、こちらでコントロールできるものではありません。しかし、法人が所有している物件で、3月の決算までに現金化したい理由で、2月頃に物件が多く出てくる傾向にあります。

そういった案件は、売り急ぎ案件なので値交渉も効きやすいですし、条件良く金融機関に持ち込めるので、2月は特に物件が動きやすい時期です。

私の物件の購入のタイミングは、9月と2月が多かったです。

金融機関の担当者は、決算月を意識して取り組んでいました。

決算だからと言って融資条件が甘くなるという事はありませんが、不動産案件は額も大きく数字を稼げるので、不動産を積極的に融資していない支店や、さらに貸出を積み増したい支店では、ロットが大きい不動産への融資の優先順位が上がるのは間違いありません。

ただし、新規で関係が浅い場合、間違っても「決算前だと思いますので案件をぜひ、通してください」などと言わないようにしましょう。

金融機関側からすれば、大きなお世話ですし、良い印象を得られるものではありません。関係が深まってくれば、自然に金融機関側から「決算月が近いので案件が出ましたらぜひ当行にお願いします！」といってくれるようになります。

相手から話が持ち出されるような関係構築ができれば、融資獲得へのさらなる近道です。

預金の多い地銀・信金はパワーがある

―― 全国の信用金庫の預金・貸出金残高と預貸率ランキング 平成28年3月 ――

信用金庫名	預金(億円)	貸出金(億円)	預貸率(%)
西部	1.643.616	1.250.046	76.05
京都	2.371.277	1.663.660	70.16
奄美大島	76.573	53.538	69.92
大阪商工	449.098	304.769	67.86
鹿児島相互	535.207	362.079	67.65
広島	1.297.370	877.359	67.63
伊万里	71.134	47.474	66.74
コザ	175.994	115.101	65.40
渡島	153.304	99.938	65.19
鹿児島	300.391	195.288	65.01
宮崎	81.722	53.006	64.86
桐生	476.955	309.031	64.79
東京	829.371	532.228	64.17
たちばな	111.594	70.962	63.59
札幌	491.875	311.676	63.36
島根中央	168.502	106.168	63.01
宇和島	107.315	67.190	62.61
東京三協	151.901	94.777	62.39
筑後	147.823	91.751	62.07
播州	1.093.839	677.837	61.97
姫路	821.218	504.229	61.40
アイオー	283.884	174.137	61.34
東京ベイ	494.869	303.455	61.32

駆け引きなしで金利を有利にするシンプルな方法

借手の立場として、金利は少しでも低い方がいい、貸手の立場として金利は少しでも高い方がいい。

ここでお互いの気持ちは相反します。

しかし必ず、この条件問題をクリアしなければなりません。

では、どうしたらスムーズに話が進むようになるのか…

金利は短プラ（短期プライムレート）、TIBOR（タイボー）などを基準にし、金融機関ごとに条件を設定しています。

金利相場は、同じ商圏内で活動している投資家、不動産業者から、どのくらいのレートで借りた実績があるか教えてもらうのが一番確実です。

たとえば、「○○銀行で先日決済した際は金利が1・3%だった」「○○信用金庫では1・25%だった」など、実例を入手してください。それをもってシミュレーションし、金融機関に持ち込みます。**金融機関は、そのレートがどこからきているのか根拠を知りたいわけで、その情報元をきちんと答えられなければいけません。**

そのレートが自分に合致するとは限りませんが、根拠として必要です。

ただ単に、キャッシュフローを上げたいがために、法外に低いレートを提示すれば「お行儀の悪い投資家」とレッテルを張られてしまいますので、注意が必要です。

根拠を持った金利レートをもとに数件の金融機関を回れば、金利の相場観をつかむことができます。

金利レートの話題になった際、自身の提示したレートが低ければ、「ちょっとうちではこのレートは厳しい…」となりますし、無理ないレートであれば「だいたいこのレートであれば土俵に上がる」となります。高いレートであれば「うちはもう少し頑張れます」などと結構、正直に答えてくれます。

ここでのポイントは**他の金融機関にも話を持ち掛けている話をし、ライバル意識を持ってもらう**事。持ってもらわないと、真意を話してくれない可能性があるからです。

もう1つのポイントは、**無理に自分の条件を言わない**事です。**目的は融資の内諾を獲得すること**です。自身の実績もあり、その金融機関との取引実績があれば、多少のリクエストをしても大丈夫ですが、関係実績も乏しい間柄であれば、貸手の条件を素直に取り入れる事が大切です。そして、何行か内諾が出てきた段階になったら、そこで初めて競ってもらう。この流れがベストです。

ただし、駆け引きを駆使してダンピング合戦に持ち込むことは、あまりおススメしません。調子にのると後の関係に影響がでますので気を付けましょう。

担当者の腕次第で融資の可否が決まることも多い

私が愛知県内にある地方銀行Sで融資をことごとく断られ、隣県の同銀行の支店で融資獲得に成功した事例です。

愛知県内にある地方銀行Sの支店すべてを紹介訪問しました。

ところが見事に完敗。

ある投資家さんに紹介を受けて訪問したのですが、支店担当者には断られるだけでなく、説教まで受けました。「サラリーマンが不動産に手を出すのは間違っている」と…

電話で30分間延々とです。

そんな流れでも懲りずに再チャレンジするも、最後に担当者は怒り出す次第です。

私が悪いことをしているのか…

そう思いたくなるほど、話が全く進まず冷たくあたられるばかりでした。

そんな中、また別の案件が出て、別の投資家さんの紹介で地方銀行Sを紹介してくれました。

その紹介されたS銀行は隣県の静岡県の浜松にある支店です。

その浜松支店の担当者は、不動産の融資に精通しているという情報だけが頼り。

私の中では、「またいつもの流れで、断られるんだろうな〜」そんなネガティブな思いを持ちながら、一時間半かけてダメもとでS銀行の浜松支店を訪れました。

断られることになれていた私はとてもリラックスしていて、「とりあえず、全力でプレゼンだけはしていこう」そんな感じでした。

そこで、現れたのが融資役席のK氏。

とても紳士的でフレンドリーで、不動産のことより、サラリーマンの仕事の内容や私生活の話題で盛り上がりました。

K氏　安藤さんの仕事はハウスメーカーなんですね。営業ですか？
私　いえ、営業ではなくアフターサービスです。
K氏　営業だとノルマがきついし歩合の変動もあるから転職が多いんですよね。アフターならいいですね。休みの日はどんな風にすごしているんですか？
私　私の趣味はアウトドアです。キャンプやバーベキューが好きですね。
K氏　そうなんですね。ご家族仲が良さそうでいいですね。物件の資料も拝見しましたが、なかなか良さそうなので話を進めますね。

物件は愛知県のK市、築17年RC、利回り9・5％で土地も広く、積算評価を満たしている案件でした。

ところが、その案件で買付が入り、一週間後に契約になるとの連絡が不動産業者から入り、話が白紙に。

私は仕方なく、融資役席のK氏にTELしました。

私　すみません、ご相談しましたK市の案件ですが、ほかで決まってしまいました。
K氏　そうなんですね…いい案件だったのにね。
私　申し訳ありません、また案件がありましたらお願い致します。

そして2か月後、前回よりも条件の良い案件が入手できました。

今回は、他の金融機関にもっていかずS銀行の浜松支店に託しました。

その案件は愛知県のN市にある築17年RC、表面利回り10・5％、物件価格5600万の案件。融資申し込み額は5320万。

「フルローンを通すのは本部が承認しない」と言われていたので自己資金5％で依頼しました。

K氏　これなかなかいいね！　早速とりかかりますよ。
　　相談だけど、5300万でいい？
私　大丈夫です！　今回は物件を一番手で確保していますのでぜひ！

その後、何度かK氏からTELが入りますがお断りの連絡でなく、追加資料の請求や内容確認話のみ。それから、数週間後、融資役席K氏からTEL、夕方5時ごろです。

K氏　安藤さん預貯金の通帳の写しをお願いできますか？
私　承知しました。帰宅したら至急用意してFAXするようにします。

その後、2時間後の19時頃に再度TELがはいります。

K氏　先ほどの融資の件ですが…
私　はい…（超緊張）
K氏　明日には必ず通帳の写しを用意するからいいだろ！
　　って本部にいって内諾とっちゃいました。5300万の内諾です。
私　え？　本当ですか？　ありがとうございます！

「早く帰ろう」と会社の駐車場で車に乗り込もうとしていた時の出来事。

私は突然の吉報に驚きを隠せませんでした。

通常なら各担当者は、融資を通すべく資料の作成、エビデンスの収集に奔走するのですが、本部に強気な態度で出られる担当者は初めてでした。

後に知るのですが、融資役席K氏は行内で「ローンのスペシャリスト」と言われて一目置かれている方でした。

その後、3棟目、4棟目を購入する際にも同様で、共通しているのは「不動産に詳しい」「支店内・本部から信頼を置かれている」担当者でした。

融資審査は支店と本部との折衝がカギをにぎります。

担当者が本部を口説けないと、良い案件も流れてしまいます。

担当者の腕次第で融資の可否が決まってしまうことが、融資獲得の世界では往々にしてあるのです。

したがって、ガッツがあって、支店・本部に信頼されている担当者に巡り合えれば一歩も三歩も融資獲得に前進します。

同じ銀行でも支店、担当者で融資姿勢はまったく異なる

私はある地方銀行ＡのＫ支店で「サラリーマンに対してのアパートローンの限度枠は１億円までで、自己資金も１割～２割必要」と言われました。

その時の案件は断念。

ところが同じ地方銀行ＡのＯ支店では「アパートローンは１億までですが、別途考慮します」と回答をもらい、１億１０００万円のフルローンを獲得しました。

私はもし、同一金融機関で横並びの審査基準であったら、不動産投資家として活動していなかったかもしれません。

断られ続けても、諦めずに果敢に銀行開拓していた当時の自分を、素直に褒めてやりたいと思います。

必ず、融資を獲得できる金融機関があるはず！

それだけを信じていました。

当時、私は念願のマイホームを建てたばかりで、借入れが２６００万円あり、成功している投資家の方々からも「マイホームを買ったらその分債務超過になるので、融資を引くのはかなり厳しいよ」と言われてました。

それがネックで不動産投資融資に積極的だと言われていたオリックス信託銀行（現在オリックス銀行）、三井住友銀行からも、融資を獲得することができなくて、さらに2007年12月を期に融資引き締めにより基準が厳しくなり、他行も追従していきました。言わば四面楚歌の状態でした。でも、頑張った甲斐あって、とある地方銀行の渉外役席の方を紹介していただくご縁があって、その方に色々と質問してみました。

私　　　　御行は中古のアパート・マンションに融資を行っていますでしょうか？
渉外役席　はい、諸条件はありますが行っています。
私　　　　サラリーマンの資産運用でも大丈夫でしょうか？
渉外役席　安定した収入があれば大丈夫です。
私　　　　でも、マイホームを建ててしまっていたらやはり融資は厳しいですよね？
渉外役席　それは特に関係ありませんよ。
　　　　　資産状況の調査確認はしますが、そのマイホームの住宅ローンを払っていける安定収入（サラリー）、返済余力があれば大丈夫です。
私　　　　本当ですか！？
渉外役席　物件は物件できちんと収支が合えば大丈夫です。
　　　　　ただし、1億円までで自己資金が1割程必要です。

不動産投資に絶望感を抱いていた私は、希望の光を見たのを今も覚えています。

その後、たまたま、その時紹介してもらった案件がT市1億2000万円の物件。

地方銀行Aの条件に程遠かったので頭から外れていました。

指値が成功して1億1000万になったのですが、融資が厳しくなったご時世でしたので、どこの銀行でも頭金3割は必要と言われ、そうなると諸費用を含めて4000万は必要。

自己資金が1000万しかなかった私にはとうてい無理でした。

そんな中、追い込まれた私は、ダメもとでA銀行のO支店に電話を入れてアポを取りつけました。

対応してくれたのは、渉外役席のM氏でした。

物件概要資料と自分の作成したプレゼン資料を持参。その内容をみて、

M氏　諸費用分の700万は自己資金でまかなわれるんですね〜。
私　はい。
M氏　物件と諸費用全部融資でまかなおうとしている人が多い中、諸費用を自己資金出されるなんてしっかりされていますね。
私　ありがとうございます！！

私の中で、アパートローンは1億までというガイドラインが気になっていました。

ところが、結果はアパートローン1億、プロパー1000万、合計1億1000万のフルローンの融資がつきました。

涉外役席のM氏が本来の基本である「アパートローンは1億まで」という枠を超えて別枠で1000万を加えてくれるようアレンジし、本部から承認を取ってくれたのです。

私はこの時、初めて支店、担当者が変われば考え方が違い、融資結果が違ってくることを知りました。

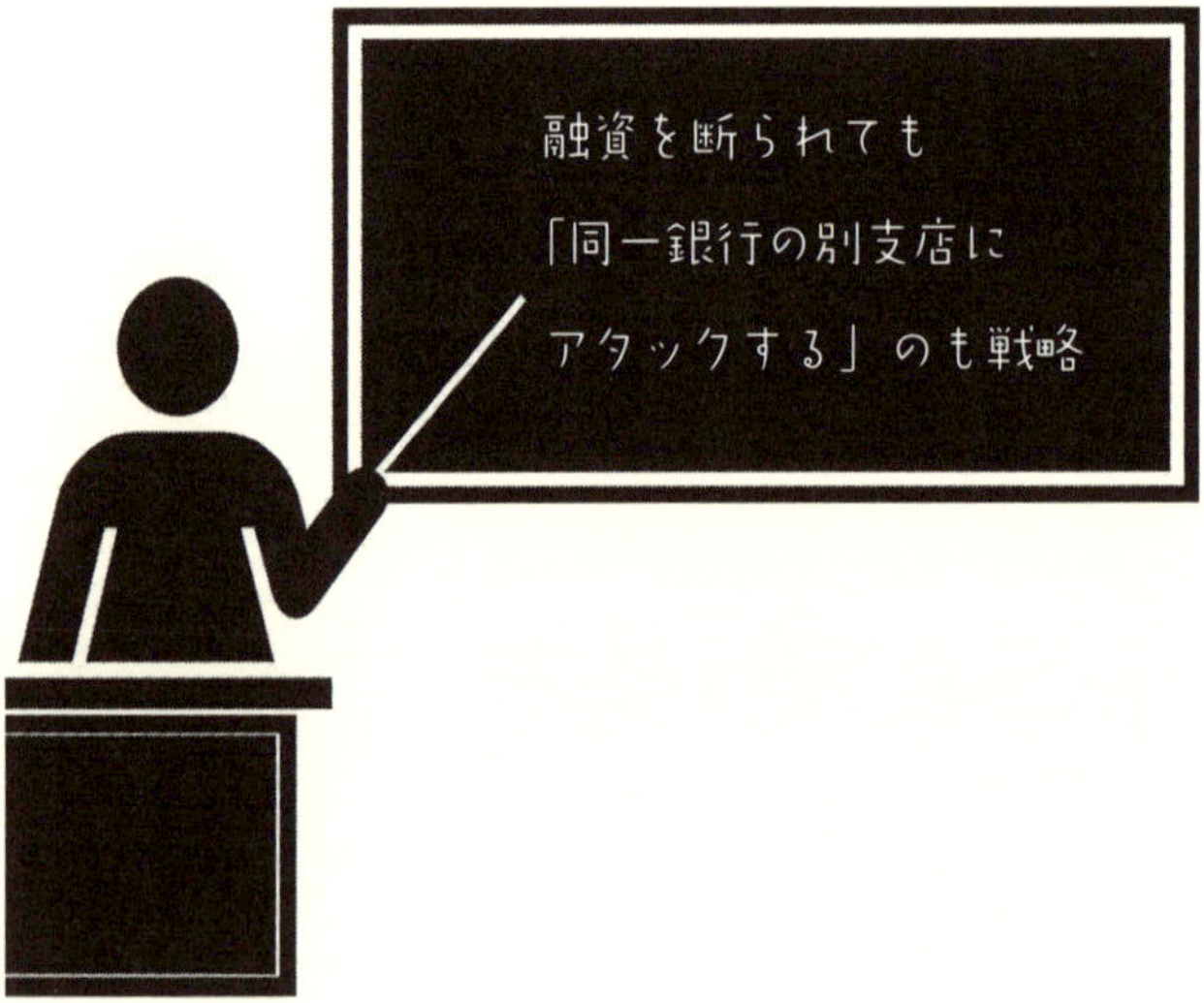
融資を断られても
「同一銀行の別支店に
アタックする」のも戦略

同じ金融機関でも融資結果は異なる

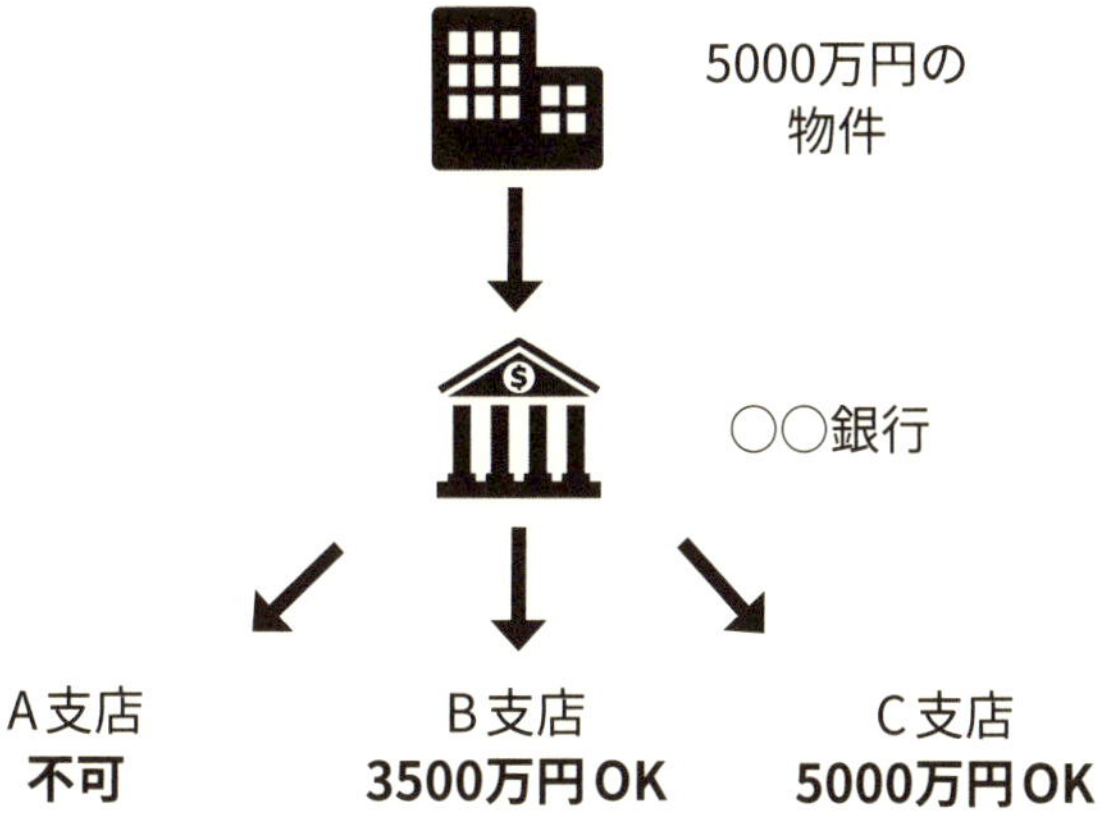

その後、いろいろな金融機関と取引、お付き合いをしていますが、やはり支店長、担当者が不動産に得意か慎重かで結果が左右されます。

もし、その金融機関の支店で見込みがなければ、あえて別の銀行にしなくても同一銀行の別支店にアタックしてみるのも戦略の1つです。

某金融機関の現役支店長コラム⑤

自分の取り組みに共感してもらえる金融機関に出会いましょう。

同じ金融機関、同じ支店でも融資情勢は変わります。
その業種に強い担当者かどうか、支店長が融資に積極姿勢かどうか。
また本部の推進方法が変わる場合もあります。
そのような話は今までも相当聞いてきました。
この傾向は残念ながらAIが導入されない限り変わらないと思います。

では、どうしたらよいのかという事になりますが、自分の考えに共鳴してくれる担当者とどのようにして出会うか。まずは自分の考えを存分に伝えるしかありません。

そして、担当者や支店長の気持ちを揺さぶることが出来るか。あとは金融機関の窓口を多く持ち、自分の投資姿勢に共感してくれる担当者や支店長とのコネクションを常に持っていることが重要だと思います。

第6章

99%のYESを引き出す神プレゼン

自分の取り組み姿勢を10倍伝わりやすくするＰＲ法

融資案件を取り上げる場において、担当者に自分の強み、取り組み姿勢、実績を熟知してもらう事が大切です。

担当者は、融資担当の上席や支店長、本部審査部などいろいろな人と折衝します。

融資取引があっても担当者含め、関係者の転勤が定期的にあります。

新しい方が赴任されれば、その都度、また最初から自分を理解してもらうことが必要になります。

「安藤さんはどんな人？　経歴は？」

「どんな物件を持っているの？　実績は？」

など、特に初めて持ち込む金融機関では、担当者も借手の事を十分理解していないのに、上席から質問攻めにあうことになります。

担当者がその場で、答えられなければ、通るものも通らなくなってしまいます。

私はある地方銀行に訪問しているときに、上席に叱責されている場面に出くわした事があります。

「バカヤロー！　お前がしっかり理解できていないような会社に、5億も貸せるわけないだろ！！」と仕切りの奥の方から罵声が聞こえてきました。

融資審査を依頼する借手側としては、この担当者を応援というより、応戦できるような武器を持たせてあげる気配りが必要です。

たとえば私の場合「株式会社サクセスアーキテクトの安藤さんは、もと現場職人で住宅の営業、現場監督、業界最大手のハウスメーカーでアフターサービスを12年、住宅業界は通算20年のキャリアをもち、不動産賃貸業で10年の実績をもっています…」

というような**口頭で説明できるようなものと合わせて、自身のPR資料をA4サイズ1~2枚で写真や数字を入れて手渡ししています**。

その他、私は、**毎回決算報告や、新規案件の融資依頼をする際に、直近のトピックスや借入残高、入居率のわかる資料を持参**しています。

その資料は、信用金庫から地方銀行、都市銀行の本部審査部からも好評で、私の案件の融資獲得に絶大な効果を発揮しています。

金融機関内でも、説明が上手な人、苦手な人もいます。でも、資料で自分がどのような人物で取り組みをしているのか、一目でわかるようにしておけば、担当者も安心です。こちらとしても、知って欲しいこと・言いたいことを記載しておけばもれなく伝わるわけです。

担当者は借手本人と折衝するので、どんな人か雰囲気か把握できるのですが、融資の可否をジャッジする、融資役席や支店長、本店審査部は書面で判断するしかないのです。

支店と本店審査部は、融資を通すための熾烈な折衝が行われます。

担当者いわく、「心が折れそうになる時は日常茶飯事…」

それくらいの修羅場なのです。

借手は融資見送りの連絡がくれば「先方は自分の事を理解していない、わかってないに違いない、なんでこんな良い案件なのに通らないんだ」とつい嘆いてしまいがちですが、こちらからわかってもらうような配慮、気配りをすればよいわけです。

これができている人は、ほんとごくごく僅からしく、資料を準備すると担当者にはすごく感謝されます。

本部審査役　この資料誰がつくったの？
担当者　安藤社長です。
本部審査役　これすごいね！

とてもびっくりされ、それが決め手になり融資可決。

自分で作ったＰＲ資料こそ最強の融資獲得アイテムになるのです。

家庭円満が有利なＰＲであるこれだけの理由

ご結婚されている投資家の方は家庭円満である事をＰＲすれば、有利な材料になります。貸手からすれば、夫婦円満でないと離婚やその他、お金にまつわるトラブルが多く発生することを知っているからです。

芸能界や政治家を見ていても離婚の話題がつきません。

離婚すれば「慰謝料」の名目で多額のお金が動きます。

裁判にでもなれば、長期にわたり公私ともに影響がでてきます。

家庭内がギクシャクして、事業に良い影響がでないことは容易に想像がつきます。

特に個人事業の投資家の場合、奥様は「連帯保証人」です。

金融機関の担当者は、いろいろな角度から家庭円満かどうか確認しています。

幸い我が家は、家庭円満で何も問題なく、家族で好きなキャンプに行ったり、子供と遊園地に行ったりした話題で担当者と盛り上がったりします。

こういった、明るい話は金融機関の担当者は、とても好感をもってくれます。

世代の近い担当者だと、融資の話はそっちのけで家庭の話題で盛り上がります。

商売で成功されている方は、家庭円満だという事を彼らは知っています。

なので、家庭円満だと貸手としてとても安心。信頼につながる材料になります。

融資の現場で一点、貸手として心配なことがあります。

連帯保証人になる予定の奥様が土壇場で寝返ってしまうことです。

個人で借入れる場合や、法人で借入れる場合の条件として「配偶者の連帯保証人」が条件になることがあります。

法人での借入れの場合は、配偶者の連帯保証はほとんどなくなりましたが、個人ではまず求められます。

多額の借入れを目の前に、連帯保証することが怖くなり「やっぱ

事業を営むうえで
「夫婦円満、家庭円満」は
有利と見なされる

り印鑑をおせない！」なんて事があるのです。

こうなったら、貸手、借手とも大変なことになります。

貸手としては、苦労して勝ち取った本部承認もパーになりすべて水の泡です。

借手にとっては一大事です。契約手付を放棄する事で契約解除ができますが、数百万から1000万はぶっ飛びます。

もし、手付解除ができる期限を過ぎている場合の契約解除は、契約違反で多額の違約金が発生してしまいます。

物件価格の10~20%なので、1億の案件であれば1000万~2000万の違約金です。

億単位の借金を背負うなら、違約金を払ってでも解除したいというかたもいらっしゃるそうで、それをキッカケに離婚問題に発展してしまった事例もあるとのこと。

事業を営む上で、夫婦円満、家庭円満は有利です。

不動産賃貸事業は金融機関と長期のお付き合いになるので、末永く安定経営を願う貸手として、融資の判断材料になります。

不動産投資で成功されている方は、家庭を大事にしている人が多いです。

よって、家庭円満・夫婦円満は有資獲得に有利になるので上手にPRしましょう。

両親の資産も融資獲得への強力な追い風となる

なぜ、両親の資産をPRするのか…

それは、**相続財産があることをPRすることで、貸手側からすると、その分、将来的に貸し出したお金に保全がはかれる安心材料になる**からです。

私は幸か不幸か、両親に財産はなく、田舎の一軒家と田畑があるのみ。預貯金は無い事は容易に想像できます。ある地方銀行の担当者にこう言われました。

担当者　安藤さんはご両親からうける相続財産はありますか？

私　ありますよ。実家は一戸建てで田畑が数百坪はあります。

担当者　そうですか！　相続財産があれば、融資に追い風になります！
土地建物の登記簿謄本をご用意できますか？

私　了解しました！　早急に用意します！！

私は法務局に行って登記簿謄本を取ってきました。

そして、数日後、金融機関の担当者に持参しました。

私　登記簿謄本を取ってきました。

担当者　ありがとうございます！　早速、評価を出してみますね！

私　よろしくお願い致します！！

翌日担当者から電話が入りました。

担当者　あの～ご両親の土地建物の評価を出しましたが、広いだけで全く無価値ですね。二束三文にもなりませんね。融資審査に関してはこれ以上進めません。

私　そうなんですね…わかりました…。

私は相当ショックを受けました。

自身の事が言われるならまだしも、親の財産にケチをつけられるのはとても複雑な心境でした。

今回は、評価に至らなかった事例ですが、もしご自身の実家が持ち家だったり、アパート経営をしていたら、それをＰＲするのはとても有効な手段です。

登記簿謄本を取るだけなら、両親の許可はいりませんし、誰でもとれます。

金融機関には謄本を提出しなくても、所在地の住所を記すだけでも大丈夫です。

担当者が自分でとります。

自分に有利になるカードはできるだけ多く出した方がいいです。

無いものをあるように見せるのはいけませんが、あるものは可能な限り提出しましょう。

定期預金などの依頼を獲得につなげるタイミングとは

担当者から融資の実績がないのに定期預金、クレジットカード等の協力の依頼をされることがあります。

皆様もそのようなご経験があるのではないでしょうか。

私はどうしていたかというと、依頼を受けたら無理ない範囲でお受けするようにしてきました。

誤解していただきたくないのは、**定期預金やクレジットカードをすれば必ず融資が受けられるかどうかといったら、それとこれとは別**です。

結果は融資審査を出してみないとわかりません。

なので、期待はしない方がよいでしょう。

ただ定期預金は金額によりますが、融資を受けるのに有利だといえます。

なぜなら、借手が万が一の際に拘束できる融資保全の1つとしてみることができるからです。

また、預金残高を増やすにあたって、カード一枚で簡単に預金が下せる普通預金と比べ、一定期間は預金を確保できるメリットもあり、貸手としてありがたいのです。

問題はタイミングです。**どのタイミングでお受けするか**です。

鶏が先か卵が先か、私は先々取り組みしたいと思った金融機関では、先述したように融資の取引がない時点でもお受けしました。

通常の感覚なら、「融資してくれたら、受けてもいいですよ」そんな感じで駆け引きに使いたくなるでしょう。

私からすればそんな考えはタブーです。

担当者に対し、そんなことをいっても、「わかりました」なんて絶対に言えません。支店長だって、本部が決済する案件に対してOKなんて言えないのですから。

私はその金融機関との「関係実績」にスポットをあてて考えていました。

通帳を作ったり、預金したり、定期したりすることでお近づきになれるからです。

手間はかかりますが、コストのロスはありません。

（交通費とか時間給換算とか細かい話はなしです）

どうしても、その金融機関と肌が合わないなと思ったら、いつでも解約できるわけですから深く考えなくてもいい。

クレジットカードは年会費はかかりますが、初年度は無料が大半ですし、かかってもせいぜい1000～2000円です。ゴールドだと10000円くらいかかります。

そこだけ見ると、使うか使わないかわからないのに会費を払うのはもったいないなく思います。

でも、そこは視点を変えて仲間内で飲みに行ったと思えばよいのです。飲みに行けば数千円なんて簡単に出てしまいます。

それに比べれば何百倍も生きたお金になります。

担当者にも喜ばれるし、実績にもなり、距離感も近くなる。

次回、何も取引実績がないのと比べ、相談しやすくなりますし、担当者も前向きに取り組んでくれる可能性も高くなります。

私はこの手法で、新規金融機関と関係を築き、約1年後に2億を超える案件を諸費用込みのオーバーローンの内諾を得る結果を出しています。

当時の担当者は異動になりましたが、後任の担当者に私の存在を引き継いでくれていたので話もスムーズ。

金融機関は、相手がどのような人かわからないと融資にはとても慎重になります。

私は、「その金融機関との関係を深めるのにはどうしたらよいのか」にスポットをあてて活動してきました。

自分に実績が乏しい中で1つでも多くの実績を積むことが、後に大きく影響してきます。

カードや定期預金は1つの事例ですが、うまく関係実績が作れるよう工夫してみるのはいかがでしょうか。

審査中に必ず聞かれる10の質問フレーズ

本気で融資を獲得したいのなら、プレゼン資料は自分で作ることです。

なぜなら、自分で作ることで隅々まで内容を網羅することができ、100%自分で把握できた資料になるからです。

担当者に質問されても、自分で作成していれば、たとえその場に資料がなくとも大半の事は答えられます。

これは、担当者からすると、信頼とともに安心感が増します。

ある融資役席の方がこんなことを言っていました。

「業者が作成したピカピカのきれいなプレゼン資料を持参、提出されるより、自分で作ったA4手書きのプレゼン資料の方が安心で説得力がある」と。

誤解して欲しくないのですが「業者の作成した資料がダメ」と言っているわけではありません。

ポイントは「あなた本人が内容をしっかり把握していますか?」という事なのです。

自身が経営者なのですから、内容の質問に対して「業者が作った資料なのでわかりません」では話になりません。

この時点で信頼はがた落ちです。貸手の気持ちとして、そんな人に数千万〜億単位のお金を貸すことはできません。

審査を進めていくうえで、支店内協議、本店審査部とのやりとりにおいて、質問がそれぞれの担当者になされます。

そのやり取りの最中に、借手の携帯に連絡がはいります。

その時点で、質問に答えられなければ、タイムロスになるだけでなく、大幅な信頼ロスになります。

どうしても分からないことは無理して答える事はありませんが、担当者から連絡が入るたびに「確認します」の連続だと、担当者のモチベー

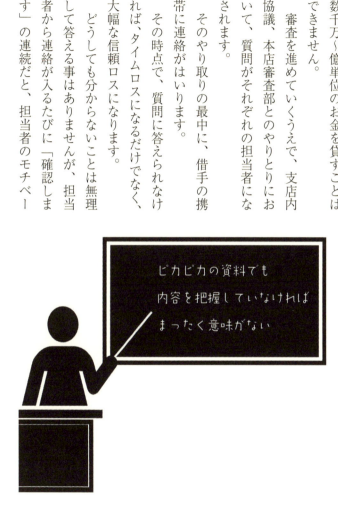

ションが下がってしまいます。

そのトーンダウンしたモチベーションから絶対に良い条件が生まれる事はなく、「融資は見送ろう」という結果になってしまいます。

融資審査の中での主な質問例（中古物件）

1　売主の売却理由

なぜ売るのか？（資産整理　お金に困っている　資産の組み換え　任意売却等）

2　外部修繕履歴

外壁塗装、屋上防水の修繕実績、なければ今後の計画

3　この物件の購入理由

駅に近い、相場よりもお値打ちかつ、市場が安定している等

4　この物件の周辺の入居率

5　物件の周辺家賃相場

6　奥様の連帯保証人

ＯＫかＮＧか

7　自宅、もしくは他の物件を別担保で提供できるか？

ＯＫかＮＧか

8　相続財産があるか、ないか？
9　他行での借入れの有無
10　自身の家族の資産背景（奥さん　子供）

などなど、いろんな角度から質問されますが、質問されるということは前向きに検討してもらっている証拠。

私のコンサルで相談に訪れるクライアントさんで多いのがやはり、「自分の考えよりも業者の意見を尊重しすぎていて、内容もしっかり把握できておらず、自分の言葉で話す事ができない」ことです。

私も銀行で聞かれるような質問をしますが、答えられない人が大半です。

これでは、金融機関も不安になります。

一番最悪なのが、自分の事でも答えられない人。

先述の質問例6～10に該当することです。

こういう人に限って、業者の作成した資料のみしか持っていないケースが多いのです。

圧倒的に融資のスピード感を上げる資料作成のコツ

ではどうしたらよいのか？ 事前に、自分のオリジナル資料を作成し、銀行から質問されるであろう内容をリサーチして、自作の資料に可能な限り織り込んでしまえばいいのです。

担当者も聞きたいことがあっても、プライベートなことになるので聞きにくいのが本音。それをこちらから先にオープンにしてしまえば、双方に大幅なメリットが生まれます。業者からもらった資料と再度自分でリサーチした情報、そして自身の個人情報や 今後の展望を織り交ぜた自作の資料であれば、金融機関の担当者は、詳細を聞く手間も省けますし、信頼感は大幅にアップします。

最初は大変かもしれませんが、ひな形ができてしまえばあとは埋めるだけ。

資料に織り込んでしまえば、担当者が稟議をあげる上でスピード感が相当増します。

実際に、私の作った資料を支店長、次長らの幹部が本店審査部に持ち込んで折衝をしてくれています。不動産投資の世界において、良い物件はスピード勝負です。それに勝つためには自分で作ったプレゼン資料が大きな武器になります。

自分の信用情報を客観的に分析する3つのサイト

金融機関は1円でも延滞しそうな人にはお金を貸しません。

厳しいように聞こえますが、当たり前の話です。

最初からそんな雰囲気のある人は、金融機関は大嫌いです。

友達のお金の貸し借りとはわけが違います。

第一章「お金を1円でも貸したくない人」でお話ししましたが、1億円借りていて、9999万9999円しか通帳になかった場合、たった1円足りなくても当然ながら、アウトです。

信用はがた落ちです。

たとえば企業が決済で使う約束手形。

一回の不渡りで日本国中の銀行に連絡が入ってしまい、借入れや手形を割り引くなど、大きく信用棄損になってしまいます。

半年以内に2回目の不渡りを出せば、会社は存続していても手形や小切手の決済は停止し、資金繰りに困っても融資が受けられません。

取引している会社からも、信用を失い取引停止になっていいます。

どんな大きな企業でも事実上倒産です。

個人の方でも、キャッシングやリボルビング払いで遅滞があれば、信用情報に登録されます。どのように登録されているのか見てみるのも良いでしょう。

信用情報機関は3つあります。

日本信用情報機構 https://www.jicc.co.jp/

主な会員：消費者金融と信販会社

シーアイシー https://www.cic.co.jp/

主な会員：クレジットカード会社と信販会社

全国銀行個人信用情報センター https://www.zenginkyo.or.jp/pcic/

主な会員：銀行と銀行系カード会社等

私も以前、自分の情報がどのように乗っているか確認したことがあります。

気になる方がいらっしゃったらぜひ、自身の情報を確認してみたらいかがでしょうか。

信用情報機関の個人情報登録例

JBA 一般社団法人全国銀行協会
全国銀行個人信用情報センター

当センターは、消費者信用の円滑化等を図るために一般社団法人全国銀行協会が設置・運営している個人信用情報機関で、ローンやクレジットカード等に関する個人信用情報を登録し、会員（金融機関等）における与信取引上の判断のための参考資料としてこれを提供しています。

登録情報

当センターに登録されている情報は次のとおりです。

情報の登録と利用については、ローン等の申込書や契約書等により、予めご本人の同意をいただいております。

また、不渡情報と官報情報については、個人情報保護法第23条第4項第3号にもとづく個人データの共同利用を行っております（詳しくは当センターのホームページをご覧ください）。

①取引情報・・・・・ローン、クレジットカード、保証のお取引およびこれらの連帯保証人に関する情報
②不渡情報・・・・・当座取引の手形・小切手の不渡に関する情報
③官報情報・・・・・官報によって一般に公開された破産・民事再生手続の情報
④本人申告情報・・・本人確認資料の紛失・盗難により自分の名義を勝手に使われるおそれがある場合等一定の場合に、ご本人からの申告にもとづいて登録した情報
⑤照会記録情報・・・会員が当センターに情報を照会した目的等を記録した情報

ご注意事項

本報告書は、情報が正確に登録されていることをご本人にご確認いただくためにお渡しするものです。ご本人のプライバシーに係わる重要なものですので、他人に見られることのないように十分ご注意ください（本報告書を他人に見せたことにより損害等が生じたとしても、当センターは一切責任を負いません）。

なお、銀行等の当センターの会員が本報告書（本人開示書面）の提示等を求めることはありませんので、ご不審な点がある場合は、当センターまでその旨お申出ください。

また、本報告書は、いかなる場合も証明書として使用することはできません。

本報告書は、開示申込書にご記入いただいた氏名、生年月日、住所等にもとづいて作成したものです。過去にローン等のご契約をされた際の住所で開示申込書に記入しなかったものがあることがわかった場合や、住所の記入が正確ではなかったことがわかった場合は、改めて開示を受けていただくことをお勧めいたします。

★情報の登録期間（各情報は、登録期間経過時に自動的に削除されます。）

情報の種類	登録期間
取引情報	契約期間中および契約終了日（取引情報の完了区分発生日㋔）から**5年**を超えない期間 ※返済区分が「延滞」の情報は、「成約日／実行日」が平成18年（2006年）10月1日以前の場合は「返済区分発生日㋑」から、後の場合は「延滞解消日㋒」から、それぞれ5年で返済区分を「成約」に変更します。
不渡情報	第1回目不渡は不渡発生日から**6か月**を超えない期間、取引停止処分は取引停止処分日から**5年**を超えない期間
官報情報	破産・民事再生手続開始決定の日（官報情報の官報公告区分発生日 **裏面⑬**）から**10年**を超えない期間
本人申告情報	申告日から**5年**を超えない期間
照会記録情報	照会日から**1年**を超えない期間（ただし、会員への回答は**6か月**を超えない期間）

本報告書の内容についてご質問等がある場合は、当センターの次の番号までお問い合わせください。

【お問い合わせ受付時間】
月曜日～金曜日（12月31日～1月3日を除く）の午前9時～正午、午後1時～午後5時
（土日祝日は、お休みさせていただきます。）
フリーダイヤル　0120－540－558
※携帯電話、PHS等からおかけになる場合は、次の電話番号（通話料がかかります）までお願いします。
TEL　03－3214－5020

当センターの概要、加盟会員名等については、ホームページでご案内しております。
ホームページ　http://www.zenginkyo.or.jp/pcic/　全銀協　個人信用情報　検索

登録情報開示報告

開示日：　○年○月○日

登録情報

【開示申込者】
氏名：　ゼンギン　タロウ　　全銀　太郎

当センターに登録されている情報は次のとおりです。

【取引情報：　1／　2】
氏名　:ｾﾞﾝｷﾞﾝ ﾀﾛｳ　生年月日：昭
　全銀　太郎　電話番号：
住所　:ﾄｳｷﾖｳﾄ ﾁﾖﾀﾞｸ ﾏﾙﾉｳﾁ 1-3-1
　東京都　千代田区　丸の内1
勤務先　:ｶﾌﾞ)ｾﾞﾝｷﾞﾝｼﾖｳｼﾞ
　株）全銀商事

〈履歴1〉
住所　:ｵｵｻｶﾌ ｵｵｻｶｼ ﾁﾕｳｵｳｸ ﾀﾆﾏﾁ 3-
　大阪府　大阪市　中央区
勤務先　:ｶﾌﾞ)ﾀﾞｲｷﾞﾝｼﾖｳｼﾞ
　株）大銀商事

情報登録会員　：全国銀行
　丸の内
取引種類等　：証書貸付

成約日／実行日　：2004-10-25　❹
限度額／当初貸出額：20,000千円
残債額　：12,220千円

残債額・入金区分履歴（上段：更新月、
15/10　15/11　15/12
12,570　12,520　12,520
○　△　×

返済区分　：㋐　返済区分発
延滞解消日：㋒
完了区分　：㋓　完了区分発

❶「<履歴>」は、会員が住所・氏名等の変更
表示します（ただし、履歴として表示している旧氏名
「変更年月日」は、原則として会員がセンターに変更
※住所・氏名等の変更があっても、お借入れの金
情報に反映されません。変更事項がある場合は、お

❷「取引種類」・「消費性・事業性」「連帯債

項目	
【取引種類】	
証書貸付	お借入れの都度、借入契約書を作成
カードローン	一定の限度額の範囲内で繰返しご利
キャッシング	一定の限度額の範囲内で繰返しご利
手形貸付	手形を担保にしたローン（主に事業
手形割引	手形を金融機関等に買取ってもらうこ
連名ローン	2名以上の連帯債務形式で借りるロ ※「連名ローン」は平成18年（200 10月以降に登録されたものは後記の
その他ローン	上記以外のローン
クレジットカード	クレジットカードの利用契約
個品割賦	商品の購入代金を分割払いする契約
保証	お借入れ等に際して保証会社等から
法人連帯保証	法人名義でのお借入れ等に対して代
【消費性・事業性】	
消費性	住宅ローン、マイカーローンなどの消
事業性	事業用の設備を購入・建設するため
【連帯債務者・連帯保証人】	
連帯債務者	2名以上が同等の立場で返済の義務
連帯保証人	借入れを行った人（主債務者）が返済 代わりに返済義務を負う人

開示日： 2017年1月25日

全　国　銀　行　協　会
全国銀行個人信用情報センター

登 録 情 報 開 示 報 告 書

【開示申込者】
氏名： ｱﾝﾄﾞｳ ﾃﾙﾏｻ　　安藤　輝政　　生年月日：[redacted]

当センターに登録されている情報は次のとおりです。

【取引情報：　1／　6】

氏名　：ｱﾝﾄﾞｳ ﾃﾙﾏｻ　安藤　輝政
生年月日：19[redacted]　性別　：男
電話番号：[redacted]　郵便番号：[redacted]
住所　：[redacted]
勤務先　：　　勤務先電話番号：

情報登録会員　：[redacted]銀行 [redacted]

取引種類等　：カードローン　　消費性
成約日／実行日　：2005-03-09　　担保有無：　なし　使途区分：その他
限度額／当初貸出額：　100千円　　設定期限／最終返済日　：2017-03-31
残債額　：　0千円　　残債額更新日　：2016-12-30
残債額・入金区分履歴（上段：更新月、中段：残債額（千円）、下段：入金区分）

15/02	15/03	15/04	15/05	15/06	15/07	15/08	15/09
0	0	0	0	0	0	0	0
―	―	―	―	―	―	―	―
15/10	15/11	15/12	16/01	16/02	16/03	16/04	16/05
0	0	0	0	0	0	0	0
―	―	―	―	―	―	―	―
16/06	16/07	16/08	16/09	16/10	16/11	16/12	17/01
0	0	0	0	0	0	0	
―	―	―	―	―	―		

返済区分　：成約　　返済区分発生日　：

【取引情報：　2／　6】

氏名　：ｱﾝﾄﾞｳ ﾃﾙﾏｻ　安藤　輝政
生年月日：[redacted]　性別　：男
電話番号：[redacted]　郵便番号：[redacted]
住所　：[redacted]
勤務先　：ｾｷｽｲﾊｳｽ(ｶ　積水ハウス（株）　勤務先電話番号：[redacted]

情報登録会員　：[redacted]銀行 名古屋
取引種類等　：証書貸付　　消費性
成約日／実行日　：2016-09-30　　担保有無：　あり　使途区分：アパートローン

1 / 4　　2[redacted]

プレゼンは背伸びして長期的視点に立つことが重要

私は、確実に返済をし貸手にご迷惑が掛からないような取り組み、万が一の時のことも含めしっかりとプレゼンします。10年後、20年後のことなんて正直わかりません。でも、借手としてそんなマインドだと貸手から絶対に信頼を得ることはできません。なので私は安心していただくように、このような取り組みをプレゼンしています。

例1 運営リスク編

3年後で諸経費を回収し、5年後に買った値段の10%下回る値段で売却しても利益がでます。シミュレーションでは空室率10%、修繕費、実費諸経費、金利上昇を加味して計算に入れていますので、実態に近い数字だと思います。3〜5年間運用できれば、万が一、売却しても御行にご迷惑が掛からない安全な物件です。入居率95%で運営できればキャッシュフローの厚みもでます。この数字は、市場をリサーチしましたが、十分可能です。

例2　身体リスク編

購入するにあたって私に万が一のことがあっても良いように、物件価格の3割を目安に生命保険に入ります。仮に万が一の事があっても、それを返済原資にあてるなどすれば、相続人の家内でも安心して賃貸経営を行っていけます。また、事業を清算することになったとしても、売却時にその保険金を充当させれば、相場より安く売ることもできますし、流動性が高まります。よって貸手側にご迷惑をおかけする可能性は低くなります。

例3　物件リスク編

万が一、自然災害が発生した時の為に、大手損害保険会社で保険に加入します。火災、地震保険はもちろんの事、エアコン、給湯器や貯水槽ポンプなどの設備機器の故障が発生した際にも担保される保険です。それにより、日常発生する設備機器のトラブルに対してもリスクヘッジすることができ、一時的な損失も収益に与えるダメージを軽減できます。その他、建物のトラブルや自殺など死亡発生に伴う空室期間や清掃に伴う費用を担保される保険、そして建物の保守、管理に起因する賠償事故も保障される保険に入りますので、あらゆるリスクから賃貸経営をバックアップします。よって出費に対するリスクヘッジは万全です。

【リスクヘッジ対策資料例】 火災保険 地震保険の一覧

物件名	火災保険	地震保険	家賃収入特約	賠償責任特約	電気的機械的特約
○○	80.000.000	40.000.000	○	○	○
○○	60.000.000	30.000.000	○	○	○
○○	60.000.000	30.000.000	○	○	○
○○	50.000.000	25.000.000	○	○	○
○○	65.000.000	32.500.000	○	○	○
○○	60.000.000	30.000.000	○	○	○
○○	50.000.000	25.000.000	○	○	○
○○	100.000.000	50.000.000	○	○	○
合計	525.000.000	262.500.000	○	○	○

※電気的 機械的特約は設備機器の故障に対し10年担保されるため、非常に心強い味方です。　（単位：円）

【リスクヘッジ対策資料例】 生命保険 倒産防止共済の一覧（個人法人）

物件名	死亡保障	掛け金/月	種類	扱い	特徴
○○生命	20.000.000	46.000	定期	全損	三大疾病一生涯
○○生命	130.000.000	22.000	定期	全損	死亡保障
○○生命	8.000.000	38.000	定期	半損	死亡保障
全労災（個人）	20.000.000	11.000	定期	一部損	死亡、入院、先進医療
○○生命	50.000.000	98.000	定期	半損	死亡保障
倒産防止共済		200.000	定期	全損	満期高返戻率
合計	228.000.000	415.000			

※逓増定期保険は払い込み3年目以降で解約返戻率100％超。
節税や建物の修繕費や一時的な費用に役立ちます。　（単位：円）

貸手に対して、確実に返済できる取り組みをいかにプレゼンできるかが、融資獲得にアドバンテージになります。

「このような、プレゼンを見たことがない」

金融機関の役員、支店長、次長、本店審査部からお褒めの言葉をよくいただきます。

つまり、貸手側にとって安心材料になっているという事です。

お世辞半分と考えても、取引しているすべての金融機関で言われたという事は、私のプレゼンは「取り組みとして間違っていない」のでしょう。

自信を持っても良いのでは、と私は思っています。

いずれにしろ、「借りたお金を確実に返済できる」それが現実に出来る事を貸手に明確しておくことがポイントです。

なぜ、他行との関係性を話すと獲得率はアップするのか

金融機関はどこの市町村にも進出しています。

借手として、どこの金融機関を選ぶか自由ですが、借手としてはなぜ自分のところを選んでいただいたのかとても気にします。

そこで、「他で貸してくれなかったので御行にきました！」と正直に打ち明けたら相手はどう思うでしょうか？　普通でいったらお客として来てくれるので有難く嬉しいお話なのですが、金融機関の立場としてはあまり良い気がしません。

なぜなら、**「他はなぜ、貸さなかったのだろう…」**という感じで不安になってしまいます。

この辺りは馬鹿正直に言ってしまわないで、言い方の工夫が必要です。

例1

担当者　他行さんには当たらなかったんですか？

私　いいえ、他行さんにも融資の申し込みをしました。

担当者　他行さんはいかがでしたか？

私　前向きなお返事（提示）をいただいたのですが諸条件が見合わなく、今回

は見送りという事になりました。担当者も次回はぜひ、頑張りたいとおっしゃっいました。今回の物件はぜひとも取り組みたい案件なので、御行のご意見を伺いたいと思いました。

例2

担当者　今回の案件は他行さんに融資依頼はされるんですか？

私　今回は初めての物件です。逃がすわけにはいかないので3行程、依頼をさせていただいています。業者さんの紹介でぜひとも前向きに話を進めたい旨のお言葉をいただいてます。

担当者　そうなんですね！　決め手になるのはやはり条件面ですよね？

私　そうですね。不動産賃貸は長期保有になりますので少しでも、優遇してくれた方にしたいと思っています。

担当者　当行もぜひ、頑張りますのでよろしくお願い致します！

金融業界は横並びの文化があります。

たとえ良い案件であっても、ライバルである他行が手を引いたらやめておこうという事になりますし、その逆もあります。

なので、できる限り金融機関とは面識を持ち、関係実績を持っておくことが重要です。

不動産投資への融資が積極的な時代は終わり、属性を武器に融資を引こうとしても思うようにいかない時代です。

そんな中で、勝ち抜くために何行か持ち込める金融機関を自ら作っておくことが大切です。

名刺交換だけでも面識を持っておけば、次に訪問するきっかけになります。

仮にその支店に該当しなければ、他の支店に取り次いでもらったりすることもできますから、一から新規開拓しなくてもよいわけです。

これだけでも全然違います。

たとえば私は愛知県岡崎市に住んでながら名古屋市や刈谷市　春日井市の金融機関と取引しています。

本来なら岡崎市にある同じ金融機関の支店と取引するのが流れですが、物件の最寄りの支店と取引したかったので、取り次いでもらって今に至ります。

金融機関は基本、お金を貸したいと思っていますから、貸したくなるように興味を持たれないといけません。

その為には、「他行も貸したがっている人」と思われることです。

某金融機関の現役支店長コラム⑥

事業を大きくされている代表者は、総じて家庭も大事にしています。

裏を返せば、家庭が円満だから事業も大きくできているのかもしれません。


プレゼンテーション資料はとても重要です。

金融機関が聞きたいことが網羅されていれば完璧です。

それは融資審査短縮につながります。

プレゼン資料は代表者の方の「思い」がつまっていると思います。

代表者自身で作成した資料であればなおさらです。

仮に業者が作った資料や、数字を入れるだけの綺麗な資料でも本人が把握していなければ意味がありません。

大事に丁寧に作って頂くと、それだけで担当者の心は揺さぶられるかもしれません。

第7章

新之助流
融資「魔法の5原則」

金融機関が大切にしている「融資の5原則」とは

「融資の5原則」とは「収益性」「公共性」「安全性」「成長性」「流動性」の5つを金融機関が念頭において審査をする基本事項です。

この5つの法則をプレゼン資料に織りまぜながら作成すると、金融機関の考え方に沿った内容になります。

第1の原則「収益性」

金融機関も利益を追求する1つの企業です。

利益をあげて行員に給料を払ったり、各支援の運営や設備投資など、多額の費用が発生します。

昨今のマイナス金利の影響で金融機関は、本業である貸出による利ザヤが稼げなくなり大変苦戦している状況です。

そんな中でも、貸出量を増やし、融資利率を確保し、貸し倒れを減らしていかなければなりません。

貸出をするにも、原資となる預金を増やすことが必要です。

融資をすることで借手の収益があがれば、預金量が増えます。

融資をしてもらう事で貸手にメリットを感じてもらう事が必要です。

不動産投資の場合、融資を受けた際、家賃を必ず振込先に指定されるのもそのためです。

家賃収入が振り込まれる事で、**融資した額の7〜10％（利回りによる）の預金が月中〜末に増えるわけで、貸手にとってとてもありがたい事**なのです。

また、その振り込まれた家賃から、公共料金や業者への振り込みなどいろいろな収益をもたらすのです。

そして、残った預金を別のところで運用することも可能になるので、借手が意識していないところで、金融機関の儲けに繋がっているわけです。

金融機関側からしてみれば、貸すことにより金利だけでなく、1円でも多く収益を発生させたいと思っています。

融資を受ける事で、貸手側の利益になるような提案。たとえば、**クレジットカードを作って引き落とし口座に指定するとか、家族の定期預金や、損害保険など、その物件が生み出す収益を、融資してくれた金融機関に還元できるようなスキームを組むと良い**です。

融資を受けて物件を購入すれば、お互いにメリットが得られますから、ＷＩＮＷＩＮの関係です。

さらには、管理会社や付き合いのあるリフォーム会社、入居者様へ還元できれば、社会貢献につながります。

まさにＷＩＮＷＩＮＷＩＮ。トリプルＷＩＮの関係ですね！

これは経済活性に直結するスキームなのです。

第2の原則 「公共性」

金融機関は預金者から預かった預金を運用することで融資をし、利益を得ています。

したがって、融資することは間接的に預金者に影響がでてしまうことになるので、公共性も重要視しなければいけません。

たとえば、反社会勢力やその他、社会的に好ましくないと判断される借手には、融資はしません。

その融資したお金が資金源となり、一般市民に迷惑のかかるような事になってしまっては、地域社会への貢献をささげる金融機関にとっては本末転倒になってしまいます。

融資を受ける側が、いかに公共性に貢献できるかが問われます。

たとえば、賃貸経営を通じて母子家庭や高齢者を優先的に入居促進し、快適な暮らしを提供する事も公共性が高い立派な事業です。

普通の賃貸住宅でなく、入居者側に対するベネフィットをつける。

母子家庭や高齢者を優先して入居促進し、敷金礼金並びに更新料のゼロにすることなども、高い公共性を有した活動です。

自身が融資を受け、物件を取得し、運営する事で公共性が高まることをアピールする事が大切です。

第3の原則「安全性」

安全性とは、融資したお金が確実に返済されるという事です。

融資したお金が1円でも返されなかったらアウトなんです。

預金者から預かったお金を運用し、利益を上げているのですから、返済されなければ預金者からの信用を失ってしまいます。

バブル崩壊時には銀行の倒産も相次ぎました。

万が一の事があっても銀行の預金も全額保護されるわけではありませんから、貸し倒れる事は、預金者を裏切ってしまうことにもなりかねません。


第1に「保全」です。

融資先が返済できなくなったらどうするかです。

金融機関は担保で取っている物を売却したり、保証人から返済してもらったりしてカバーしようと考えます。

不動産投資でいうと「積算評価」です。

土地建物にどれだけの価値があるか。

それを売却したらどれだけ保全が図れるかをみられます。

積算評価が重要視されるのはそのためです。

積算評価にも掛け目が入りますから、なるべく高い方がいい。（一般的に評価×0・7）

積算評価でカバーできなければ、その物件にどんな付加価値があるか、他の資産でカバーできるものがあるか、を見られます。


第2に「使用使途」です。

融資されたお金は何に使うかです。

計画通りにお金が使われていれば、貸手としては安心です。

当初予定していたものとは別のものに使ってしまえば、貸手側からしたら「約束と違う！」という事になります。

最悪、一括返済をもとめられる可能性がありますので、計画通りに使わなければいけません。


第3に「返済意思」です。

借手本人が、最後まできちんとお金を返す気があるかどうかです。

「借りたもん勝ち、あとはなるようになる」では困るのです。

借手側として金融機関にシミュレーションなどを使い、返済できるという事を客観的に示して欲しいのです。

第六章でも書いたように、借手自身が貸手に安心・納得がいくよう説明することが必須です。

第4の原則「成長性」

成長性とは融資した資金を用いて、貸出先が成長・発展に役に立つかどうかという事です。貸出先が成長することにより地域発展に貢献すれば、社会が活性化します。金融機関は貸出先が、どんどん成長していって欲しいと心から願っています。私は全くのゼロから始めて、おかげさまで10年目を迎えています。ありがたい事にＴＶ、新聞、雑誌、ラジオでも私の取り組みを取り上げられるようになり、取引している金融機関は喜んでくれています。

私の取り上げられた記事はいまだにきちんと保管していただいており、稟議ごとに添付してくれているといいます。

（メディアなどの公の場で評価された記事などのデータは、ファイリングされ保管されます。融資獲得にとても有利なので、取り上げられたらお知らせしましょう）

借手側として、今後の成長・発展を、資料を使いながらプレゼンする事をお勧めします。

第5の原則 「流動性」

金融機関の考えでは返済期間が長い長期融資（5年超）より短期（1年以内）で行った方が流動性としてよいという事です。

なぜなら、金融機関が預かっている預金は、預金者から払い戻しを求められれば返さないといけないからです。

ようは、預かったお金と貸したお金のバランスが取れる事が理想なのです。

不動産投資のようなアパートローンは30年～35年の長期融資の設定がありますが、通常、収益物件のプロパーローンの長期は通常15年～20年です。（金融機関によっ

「不動産投資における
流動性＝スムーズに高い
値段で売却できること」

て異なりますが）

不動産投資的な観点で見た場合の流動性は、いかに高い値段でスムーズに売却できるかどうかです。

もし、万が一、売却しないといけない場面に遭遇した時、借入金残債以上で売れなくては担保を外すことができません。

あまりに高値掴みしてしまい、実勢価格と乖離があれば買った時点でその分はロスになります。

仮に、相場で買ったとしてもそのエリアの将来性が乏しければ、買い手が付きにくく流動性が低くなります。

なので、積算評価、収益評価、立地、賃貸需要など、総合的に客観的にプレゼンし、流動性の高さをアピールしています。

以上、新之助流　融資「魔法の5原則」を活用し、貸手の立場に立ったプレゼンを行えば、融資審査においてかならず役にたちます。

融資獲得は真剣勝負、しかも時間も限られています。貸手側に立った目線でプレゼンテーションすれば、融資獲得の近道になるに違いありません。

金融機関側の「なぜ？」に答えられるようにしておく

自分の発言に対して、「なぜ？」という質問があったら、その裏付けを答えられるようにしておかないと信頼してもらうことはできません。

「ただ、何となく」ではダメなんです。そんな人にお金を貸せるわけがありません。

たとえば、空室率の質問に対してのフレーズ。

悪い事例

担当者　安藤さん空室率は10％のシミュレーションになっていますが、どういった理由からこの数字がでてきていますか？

私　先日参加したセミナーで講師が10％みておけば大丈夫だ、といっていたので大丈夫だと思って数字をいれています。

担当者　確かにもっともらしい数字ですが、大丈夫なんですか？

私　紹介してくれた不動産業者も良い物件なので、入居も心配ないといってましたから多分大丈夫だと思います。

担当者　そうですか…（心の中で、これでは無理だな…）

良い事例

担当者　安藤さん、空室率は10％のシミュレーションになっていますが、どういった理由からこの数字がでてきていますか？

私　物件をテリトリーとする仲介店及び管理会社３社にリサーチしたところ、管理物件の入居率が平均90～95％という情報だったからです。

担当者　ほう、なるほど。入居率としては良好なエリアなんですね！

私　念のため、同じ間取りの物件で築年数が10年古い案件の家賃相場と入居状況もヒアリングしましたが、現在のレントロールから５％程のダウンを見込めば、入居は問題ないと確認できました。それを今回のシミュレーションにも織り込んで収支を出しています。

担当者　なるほど～、このシミュレーションは実態に近い数字になるわけですね！

私　あと、同じ商圏にある物件の入居状況と建物の状態を確認してきましたが、今回の物件は十分に勝算があります。また、安定入居を維持するために今回の資金計画に修繕費として５００万いれています。

担当者　これなら間違いないですね！　稟議書も自信を持って書くことができます！

次は、実際に私が訪問プレゼンテーションしているときに、相手側から聞かれた「なぜ」のフレーズ集です。

この「なぜ？」にうまく答えられて、不安を抱く担当者はいままでいませんでした。

- なぜ、不動産賃貸経営を始めようと思ったのですか？
- なぜ、当行にこられたんですか？
- なぜ、このエリアで物件を選定されたんですか？
- なぜ、空室率が10％なんですか？
- なぜ、単身タイプを選ばれたんですか？　空室リスクが高くないですか？
- なぜ、この管理会社に委託するんですか？
- なぜ、個人でなく法人で購入されるんですか？
- なぜ、この資金計画になったのですか？

なぜ、に対してレスポンスよく答えられれば担当者からの心証はとても良いです。

実際にこの質問に答えられる人はいるようでいないんです。

私がコンサルで質問した際にも、具体的に回答できる人はほぼいません。

この質問に答えられれば、担当者が安心すること間違いなしでしょ。

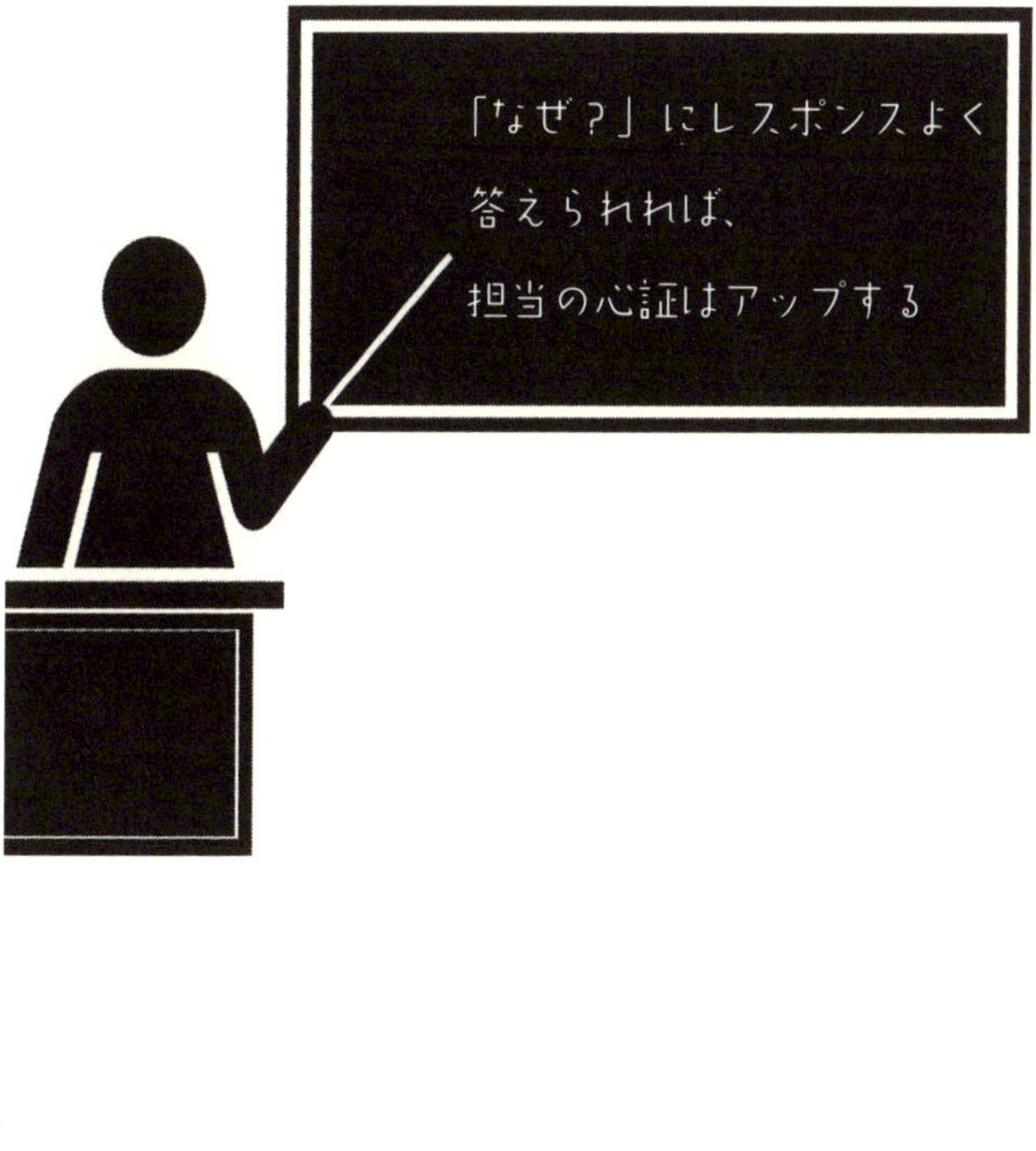

「定性評価」をグッと高める無敵の一工夫

審査の中には数字的要素で判断する「定量評価」と人間性で評価する「定性評価」があります。

数字的な「定量評価」は金融機関にとってはお手の物。

すぐにはじき出せますが「定性評価」に関しては、代表者との面談、会話でなどで判断されます。

したがって、代表者の資質も重要になってきます。

取引実績のある信用金庫のH次長（現在支店長）が言っていた名言があります。

「決算書半分、人半分、最後は人に貸す」という言葉を尊敬する先輩に叩き込まれたといいます。

実績のない私にとって、未来に向けてポジティブなこの名言は頭から離れません。

数字の実績のない（もしくは乏しい）、まだこれからの立場の人間にとって、それを期待感に変えるだけの力量がないといけません。

実際の融資案件を持ち込んだ時、いろいろな質問を受けます。

建物の事、市場性の事、資産背景の事など幅広く問われます。

その質問に対して「冷静に受け答えする」事が最も重要になってきます。

おどおどしていたり、自信なさそうにしていたら、貸手からみたら「この人に貸しても大丈夫だろうか…」と不安になってしまいます。

物件のことに関しても、資産背景に関しても、一番知っていなければならない人が答えられないようであれば、それはさすがにまずいです。

では、すべてその場で１００%答えられなければダメなのか？

いえ、答えられなくても全然大丈夫です。

もし、知らないことがあったら確認して、後日お答えすればよいだけの話。

質問があった後、最短でお答えすれば「質問に対してすぐに動いてくれた」という形で安心につながります。

それが、二日も三日もかかっていたらＮＧですが…

私は、金融機関の方々から「安藤さんはなんでそんなに自信たっぷりなんですか？？」とストレートに言われることがよくあります。

私は意識していませんがそう見えるみたいです。

取り組みとして意識しているのは、「事前準備を可能なかぎり行っている」事。

第６章にその事を書いていますが、「特にプレゼン資料を自分で作っている」これが大きく寄与しています。

自分で作った資料だから何でもわかる。

「質問なら何でもしてください！　わからない事は即時、最短で確認し回答しますよ！」

と気持ちの中でつぶやいています。

逆に質問がない方が不安になったりすることがあります。

貸手側としては、情報が何もわからないわけで、融資をしてもらいたいと思っている「当事者」「代表者」がオドオド、ビクビクしていたら話になりません。

質問に対する回答がきちんとできていたにしても、本人がビクビクしていたら、「本当の事をいっているのかな？」なんて疑心暗鬼になりかねません。

もちろん、慣れない金融機関の担当者との面談で緊張するのはよくわかります。

私も駆け出しの時は、相当緊張して汗だくになってしまっていたことを、昨日の事のように思い出します。実際に、今でも新規の金融機関は緊張しますし、既存の取引金融機関との面談、特に異動があって新任の担当者とは毎回緊張します。

なので、その面談に自信をもって冷静に受け答えできるような環境を整える工夫をしています。身だしなみ、車の洗車、時間厳守、資料準備、新聞を一読し当日の情報入手など、自信が持てる要素を1つでも多くもてば「冷静かつ、自信満々な自分」ができあがります。

この人なら融資しても大丈夫だろう。

そう思ってもらえるような、自分になることが必須です。

私が投資先を地元にしぼった3つの最強スキーム

私は不動産投資を始めた当初から、投資先は愛知県内に絞っていました。

その理由は3つです。

1 地元金融機関と関係を深め、資金調達における基礎を固めるため
2 自分の土地勘、文化の把握ができないエリアでの投資はリスクと考えたため
3 愛知県内の業者の連携強化及び、フェイストゥーフェイスの関係を構築するため

2と3の戦略は、1の金融機関の信頼と実績を得るのに最も効果的です。

この3つは最強のスキームだと私は思っています。

現状の私は、実績も蓄積し、信用と信頼を得ているので愛知県外でも投資活動をしようとすればできる環境にあります。

ですが、これから不動産投資で成功していきたいと考えている方は、まず地元で実績をつくる事をお勧めします。

金融機関も、全国に支店網を持つメガバンクや地方銀行であれば、全国に投資が可能ですが、そこそこの属性を持っていても実績がなければ、これからはそう簡単に資金調達できない時代になります。

地元の金融機関と取引し、地元の仲介店、管理会社に物件の維持管理を任せれば、地元なので、定期的に足を運ぶことが容易にできる。

そうなれば、地元の地域社会に貢献できるし、地元で実績がつく。

これって、1つの信頼を得る最強の「付加価値」になります。

私は多くの金融機関の担当者、支店長だけでなく、経営陣ともお話してきました。

皆さんに共通しているのは、地元への貢献意識がとても強いという事です。

融資をし、取引することで、同じ金融機関の取引先とのマッチングも視野に入れています。

融資をすることで、取引先となり仲間に入ってもらい、一緒に地元へ貢献できる金融機関でありたい事を常に念頭に置いています。

私は、この話を、全国で3本の指に入る愛知のメガ信金（預金1兆円以上を誇る信用金庫）の元支店長でコンサルタントのK氏に学びました。

この学びは大きかった。

ただ単にお金を貸して利益を得る考えのさらに上を行く理念を基本に、金融機関は活動している事を、まずは借手として理解しないといけない。

私は不動産投資を始めて2年たった時に、「追加融資の壁」にぶち当たりました。

しかし、その学びを受けた事で金融機関との関係もスムーズになり、地元の金融機関と盤石な関係を築いています。

まだ実績のない方、実績の浅い方はまずは地元でしっかり基礎を構築することが、融資獲得成功へのファーストステップです。

地元の金融機関と「盤石な関係を構築」し実績を残す

↓「事業拡大で他府県にチャレンジする」

この流れが王道です。

私はまだ他県に出る気持ちはありませんが、唯一、チャレンジしたい場所があります。

ここでは書きませんが、またどこかでお話しようかと思っています。

物件取得↓資金調達↓運営までをストーリー化する

私は物件を購入する際に、取得から運営まで頭の中でストーリー化します。あくまでも仮説ですから、確実にそうなるとは限りませんがストーリーをイメージすることで資金調達がしやすくなります。なぜ、資金調達をしやすくなるかというと、金融機関の担当者も案件を取り組むにあたり、ストーリーを描き、稟議書を書くからです。ようは、自分のストーリーに金融機関の担当者も役者として参加してもらいましょう、という事なのです。たとえば、大まかにいうと以下のような骨格になります。

私の賃貸事業構成図の一例

投資対象エリア：愛知県内の賃貸需要が盛んな市区町

1　物件調達先：株式会社ＲＩＡプランニング、株式会社ニッショー住販（9月より）、積和不動産中部株式会社をメインに付き合いのある不動産会社。

2　資金調達先：愛知県内に支店網を持つ都市銀行、地方銀行、信用金庫中でも取引のある9金融機関を優先。

3　物件管理：物件を管理している既存の管理会社および現在取引のある管理会社。

4　入居募集：物件エリアを管轄する大手仲介会社数社。
5　修繕：管理委託している管理会社、自分の得意先リフォーム会社。
6　売却：購入時に仲介してくれた不動産会社に優先依頼。

合計6つのセクション別で関係各社ご協力いただき、私の企画する物語の制作を一緒に完成させて欲しい！　この流れを説明し、金融機関にぜひ、今回の事業計画に参加し、ご協力いただきたい旨を力説するわけです。

トーク事例

私の事業計画では、愛知県内で収益物件を購入したいと計画をしております。大手不動産業者から地元の不動産業者までいろいろと開拓しまして、収益物件に強い株式会社ＲＩＡプランニングの吉村社長に名古屋市中区の築13年のＲＣ、ファミリー、２ＬＤＫ、10室、価格2億円の案件を紹介いただきました。表面利回り10％で、とても好条件な案件です。

物件所在地の営業エリアである御行で資金調達をさせていただきたいと思い、賃貸事業で成功されているＭさんの御紹介を経てお伺いしました。Ｍさんから大変親身にお話を聞いてくれる金融機関さんだと伺い、お会いできるのを楽しみにしておりました。物件の市場性ですが管轄する仲介店に3社市場調査をしたところ、需要と供給のバランスがとれたエリアである事と、既存の設定家賃で十分入居が見込める情報を得る事ができました。

管理会社は既存の管理会社○○は管理力に疑問な為、購入の際には、仲介店を傘下に持つ、株式会社ミニミニグループ、株式会社ニッショー管理事業部、株式会社ライフサポートの三社で見積もりを取り、委託する予定です。この三社は当社で取引実績もあり、信頼度が高く安心です。

外部修繕も数年後に実施が必要ですが、こちらは、物件の委託管理会社、取引実績のある株式会社朝日リビングさん、名古屋市にある有限会社クラフトホームさんから見積もりを取り、依頼する予定です。

概算で750万円程かかると思いますが、市場相場より2~3割程お値打ちに工事ができます。つきましては、こちらもぜひ御行で資金調達させて頂く計画もしており、今回のプロジェクトにぜひ加わっていただければ幸いです。末永いお付き合いをと心から願っておりますので、ぜひとも前向きにご検討いただけますと幸いです。

このように事業計画のストーリーができていて、各セクションの配役はもう決まっている状態。あとは金融機関に役に入ってもらうだけの状況にしておきます。

実際に、このストーリーは金融機関の担当者として把握しておかないといけない流れなので、そこにこちらから提示し、協力を仰げば貸手にとってとても取り組みやすくなります。

実際に、ここまでお話ができている人はほとんどいないといいます。

プレゼン資料をもって、ここまでお話すれば大きくうなずきながら話を聞いてくれます。

何度か面識があって、お互いの事がわかっている担当者ならまだしも関係の浅い金融機関、担当者であればこのプレゼン手法は必須かつ好印象を得られるのは間違いありません。

自分の事業ストーリーに
担当者も「役者」として
登場してもらうこと

担当者が取り組みたくなるプレゼン資料の作成法

担当者は、常にたくさんの案件を抱えていて、日々忙しく活動しています。

そんな中、融資獲得の近道は、担当者が稟議書を取り組みやすくする資料を作ることです。

では、その資料はどんな資料なのか？

Ａ４一枚でその物件がすべてわかるような見やすい資料を作ることです。

物件の所在地、最寄り駅、築年数、間取り、路線価、用途区域、建蔽率、容積率、固定資産税評価、収入（家賃、駐車場他）、支出（管理料、修繕費、水道光熱費、貯水槽清掃、高圧洗浄、固定資産税、損害保険）、キャッシュフロー（満室時現況）

これは、審査部が担当者に「その物件のすべてがわかるように一枚にまとめる」ように指示をしているからです。審査部も一日で膨大な量の稟議書があげられそれを審査します。ある銀行だと、一件に費やせる時間は20〜30分程といいます。その短時間で、審査部も判断するうえで、一目でわかるような資料を要求するわけです。したがって、担当者は稟議を通すべく、自分で資料を作っているのです。

この資料作りは、担当者にとってとても大変で、２~３時間は時間がとられてしまうといいます。その資料をこちらで作って、提出すれば担当者は感動モノです！　私が自身で作成した独自の資料を提出して、驚かなかった担当者はいません。

私　今回の購入したい物件の資料をここにまとめました。
担当者　これは安藤さんが作ったんですか！？
私　そうです。
担当者　これはすごいですね！　これを見れば稟議書が全部かけます！！
私　今まで、いろんな金融機関の担当者様とお話しながら必要と思われるものを少しずつ追加して作ったものがこの資料です。
担当者　ほんと、助かります！　本部からもＡ４一枚でわかるような資料を提出するように言われてまして、これを提出すればもう完了ですよ。

日々、時間と数字に追われ多忙な担当者にとっては、こんなありがたいものはないと言います。融資審査の可否を左右する担当者の稟議書。それを後押しする気配りは絶対に効果絶大です！

A 4資料（既存物件）

物件概要 サクセスマンション

○所在地：名古屋市○○区○○町1-23-4

地下鉄 ○○線/△△線「□□駅」ともに徒歩7分

構造 鉄筋コンクリート4階建(平成16年5月築)

総戸数 2LDK×11戸(52〜58㎡/戸)

駐車場 7台

用途地域 第2種中高層地域

延床面積 593.68㎡（179.58坪）

土地面積 522.05㎡（157.92坪）

平成30年度　土地 家屋課税評価

・土地　○○○○○○円　・建物　○○○○○○円　**合計　○○○○○○円**

購入価格 ○○○○**万円**（2018年7月購入）

満室想定時キャッシュフロー概算

想定家賃収入　¥1.094.000/月

その他収入　¥8.000/月　*自販機は平成29年1月〜

合計：¥1.090.000/月　¥13.080.000/年

キャッシュフロー：¥397.800/月　¥4.773.600/年

取引金融機関 ○○銀行○○○支店

借入金額 ○○○○○○万円

金利 0.6%　10年固定(34年返済)

借入残高 ○○○○○○万円(平成30年2月時)

入居率 11室中11室　100.0%

残債利回り 10.65%

	(単位：円)	月間収支	年額合計
収入	家賃売上	1.094.000	13.128.000
	自販機収入	8.000	8.000
	計	1.102.000	13.224.000
経費	管理手数料(家賃×3%)	32.400	388.800
	修繕費概算(家賃×5%)	54.000	648.000
	水道光熱費(概算)	8.000	96.000
	定期清掃費	10.000	120.000
	貯水槽清掃(月割)	3.800	45.600
	配水管高圧洗浄(月割)	1.500	18.000
	固定資産税(月割)	76.000	912.000
	損害保険料	11.500	138.000
	借入金返済	507.000	6.084.000
	支払計	704.200	8.450.400
	キャッシュフロー	397.800	4.773.600

A４資料（新規物件）

物件概要 アーキテクトマンション

○所在地：○○市○○町1-23-4

地下鉄	○○線「△駅」徒歩3分
構造	鉄筋コンクリート8階建（平成12年3月築）
総戸数	1K×24戸　**用途地域** 近隣商業施設
建蔽率	80％　**容積率** 400％
延床面積	731.64㎡（221.32坪）
土地面積	231.78㎡（70.11坪）
路線価	北側　175000/㎡

平成30年度　土地 家屋課税評価

・土地　○○○○○○円　・建物　○○○○○○円　**合計　○○○○○○円**

購入価格 17000万円

満室想定時キャッシュフロー概算

想定家賃収入	￥1.230.000/月	
その他収入	ー/月	
合計	￥1.230.000/月	￥14.760.000/年
キャッシュフロー	￥4.011.300/月	￥48.135.600/年

満室想定利回り（満室年間家賃/購入価格）　8.68％

現況入居率	24室中　1室空室	
入居率	96％（4月時）	
現況収入	￥1.186.000/月	￥14.232.000/年

現況利回り（現況家賃/購入価格）　8.37％

	（単位：円）	月間収支	年額合計
収入	家賃/駐車場 売上	1.230.000	14.760.000
	計	1.230.000	14.760.000
経費	管理手数料（家賃×3％）	36.900	442.800
	修繕費概算（家賃×5％）	61.500	738.000
	水道光熱費（概算）	30.000	360.000
	定期清掃費	10.000	120.000
	貯水槽清掃（月割）	3.800	45.600
	配水管高圧洗浄（月割）	1.500	18.000
	固定資産税（月割）	98.000	1.176.000
	損害保険料	15.000	180.000
	エレベーター保守	40.000	480.000
	借入金返済	532.000	6.384.000
	支払計	828.700	9.944.400
	キャッシュフロー	401.300	4.815.600

※諸条件：借入金　17500万円　元利均等　30年返済　金利0.6％

某金融機関の現役支店長コラム⑦

自分の管理能力を理解していますか？

私は東海地方で支店長をしていますが、時々、東京の物件を購入したいと言われるお客様がいらっしゃいます。

現実問題、どう管理していこうと考えているのか…

聞いても納得のいく回答の得られない事が多く、結果お断りすることになります。

やはり、自身で管理可能な距離で物件購入する事が大前提だと思います。

管理可能な距離で
物件購入することは
融資の面でも有利になる

第8章

永遠に融資を受け続ける一流のアフターフォロー

永遠に融資を受け続ける定期的な訪問方法

第1章から7章までマスターできれば、間違いなく金融機関で融資を受けられるレベルになるでしょう。

私は多くの投資家の方にお会いしましたが、物件を購入後、融資を受けた金融機関の担当者と会っていない方が多いことにびっくりしています。

確定申告や決算書を持って行った時でも、担当者と会わずに窓口で渡してコピーして終わり…

中には「借りたらそれで金融機関の役割は終わり」と豪語している投資家もいます。

これではダメです。

金融機関は、お金を融資した後の経過がもっとも気になり心配です。

きちんと運営できているだろうか…

きちんと返済してくれるだろうか…

そんな気持ちを察してこちらから、定期報告にお伺いするくらいの気配りがないと金融機関との良好な関係を築くことはできません。

金融機関は融資先の確定申告、決算書は貸手として提出してもらうことがルールになっています。したがって、提出したその時に担当者に運営状況を説明する事が重要です。

また、その時に**決算報告なのでという事で、支店長、副支店長の支店の幹部の方に同席をお願いするのもポイント**です。

ここで、自分をしっかり売り込むきっかけになります。

金融機関側として、報告に来て欲しいという気持ちはあっても「実際に来てください」とは言いにくいものです。

私は駆け出し当初、4半期ごとに報告に行っていました。

その他、通帳記入や振り込みなどで訪れた際にも、挨拶だけでもと思い、顔を見せていました。

担当者いわく、「自主的に訪問してくれているという事はとても安心」と言っていただきました。

私は金融機関が主催するイベントには積極的に参加します。金融機関との交流はとてもまめです。

経営者のメンバーでまめな会社はどこも伸びている会社ばかりです。

買う前よりも買った後の方が大事。

信頼関係構築に向けて「定期訪問」を心掛けましょう。

追加融資獲得につながる2つの実績とは

実績は2つあります。

1つは不動産賃貸業としての実績、2つ目はそれ以外の取引の実績です。

1つめの賃貸事業の実績はいうまでもありません。

きっちりと利益を残し、滞りなく返済できている。この先も大丈夫だといえる結果をもとめられます。

それに答えるのが金融機関と強力にグリップするためのミッションです。

黒字決算をして、お金の流れをしっかり把握して、事業全体の運営をきっちりしていれば、着実に実績は積み上げられていきます。

良い出来事、悪い出来事をきちんと説明しましょう。

良い出来事はそのまま伝えればよいのですが、問題は悪い出来事の場合。

数字で表れていれば、しっかり説明できないと信用を落としてしまいます。

言いづらいかもしれませんが、**きちんと対策を報告しなければいけません**。

特に悪い出来事はどのように解決したか、まだ解決していなければどのような策をうっているか…

貸手側も経営に100％はない事を知っています。

経営者がきちんと正面から受け止めて、対応しているかが重要と考えています。

貸手としてはそこを把握していたい。

貸手側としても、それがネックになって事業がうまくいかなくなったら困りますから、万が一、資金で困ったときには応援したいと考えています。

取引している金融機関の支店長が言っていました。

「日々のコミュニケーションが円滑だと、貸手として助け船を出しやすい。ただ、流れ、状況を把握できていない中でいきなり言われるのが一番こまる。**経営者が誠実できちんと報告してくれていれば、パートナーとしてお手伝いする準備はいつでもある**」

この日々のコミュニケーションで得る人間関係の実績もお互いに有利に働くのです。

2つ目の「それ以外の取引の実績」ですが、融資を受けて、取引が始まると、お得意様先としてイベント、キャンペーン、商品の紹介、色々なアプローチを受けます。

それにどれだけ参加、協賛しているかもポイントになります。

金融機関は細かいデータをきちんと取っていて、取引先がどのくらい利益に寄与しているのかきちんとデータ化しています。

金融機関も利益を上げなくては食べていけません。

昨今のマイナス金利の影響で、軒並み収益が落ちており、大変苦戦しています。

そのために、いろいろな施策を打ち、頑張っています。

そんな中、取引金融機関との間であらゆる実績を積むことで、良好な関係が積みあがっていくのです。

なぜ、他行への借換や金利交渉は慎重に行うべきか

投資家の中で、金利を安く提案を受けた際に、既存の取引金融機関に相談もせず、借換を決めてしまう人がいます。

これは一番行ってはいけない行為です。

なぜなら、金融機関として借換されるのは一番屈辱的な思いをするからです。

借換をされてしまえば、利息収入、貸出残高をすべて失うことになります。

借手側としたら、「競争社会だし、事業として利益に直結するのだから当然だ」という考え方も十分理解できます。

しかし、既存の取引金融機関側からすると、他行から奪い取られた、そして取引先から裏切られたという心底腹立たしい気分になります。

「もう、2度とその金融機関とは付き合うことがない」という覚悟がない限り、借換はお勧めしません。

私は金融機関の信用金庫元支店長にこのことはよく話を伺っていました。

「金融機関は貸出先の開拓はとても大変で、経費もかかる。他行へ乗り換えようものなら、履歴に残り、二度と取引はできなくなる」

また、現役の地方銀行の役席の方も、「金利の高い低いのうわべの判断で借換する人は信用できない。そういう人は事業でも失敗する可能性が高い」と言っていました。

私は過去に何度か、低金利を提示され、既存取引金融機関から借換を提案されたことがあります。

1％以上安く提示されればさすがに、義理を理由に見送るのは、経営者としてそれもまた問題。

仮に1億借りていれば単純に年間100万も違うわけですから、客観的にみても借換した方が良いという判断になるでしょう。

そのような場合は、既存の取引金融機関に借換を提案されている旨を相談してみてください。

業績が悪く、取引先としてネガティブなジャッジがされていたら、「どうぞどうぞご自由に」という事になりますし、大切な取引先と思われていれば「ちょっと待って下さい！詳しくお聞かせいただければ相談にのります」という流れになります。

パッケージローンの規約で金利の見直しができない場合は、その金融機関での値下げ交渉は無理なので、借換するしかありませんが、後に取引を望んでも絶望的なので覚悟が必要です。

きちんと黒字決算をし、人間関係が良好であれば大抵の金融機関で金利の値下げに応じてくれます。金融機関側でも大事なお得意様を失いたくないですから。

私の事例を挙げると、過去に3度程、借換提案を受け、取引銀行に金利交渉をしたことがあります。うち2回は1％以上の金利値下げをいただきました。

事業なので年間数十万の利益が生まれるのであれば、経営者として借換の決断をしないといけない覚悟をもっています。金利交渉がうまくいかない場合は、自身を評価してくれない既存金融機関よりも、評価してくれる金融機関と取引した方が、将来的にも明るいからです。反面、その金融機関との今までの取引実績、関係実績、信頼関係は目先のお金よりもっと大事だと思っています。

借換や、金利値下げは決算書にのりますから確実にわかります。新規開拓先では必ず理由を聞かれます。

担当者　他行さんに借換されてますね。理由はなんですか？
投資家　金利を安く提案してくれたので。
担当者　既存行は金利値下げ交渉に応じてくれなかったのですか？
投資家　折り合いの付くレベルまで下げてくれなかったので…
担当者　なるほど、そうなんですね…
(既存行であまり評価されてなかったのかな？　慎重に行った方がいいかも)

理由もいろいろとあると思うので、借換の善し悪しは判断がつきかねますが、動き方次第で、後の貸手側の印象がずいぶん変わります。きちんと説明できるようにしないといけません。

いずれにしても、借換はリスクをともなうと心得ましょう。

借換＝NG、ではないが
安易な借換は
悪い結果しか生まない

担当者が転勤しても安心の一流の対応法

金融機関の担当者の転勤は2年〜3年、長くて5年ほどです。

短い方だと、一年に満たない在籍期間で転勤になってしまいます。

辞令がでると、担当者は大忙しです。

おおよそ、一週間ほどで新店に着任しないといけません。

その間に引継ぎや身の回りのこともしなければならず、在籍の店で使える日数は3日ほどです。

通常の会社の転勤と比べ、とても短いのです。

正直なところ、取引先すべてに異動の挨拶に回ることは不可能です。

基本、TEL一本で引き継がれることが多いです。

その3日の限られた時間に、前任者は担当先を紙面で後任に引き継ぐのですが、十分な内容を引き継ぐことはなかなかできません。

なので、後任の担当者に「自分の事をすべてわかっている」と思わないようにしましょう。

まったく一から、経歴、職歴、不動産賃貸事業をしようと思ったキッカケ、運用実績、家族構成、所有物件の概要など、説明する必要があります。

私はTELで転勤を伝えられた際には、担当者の都合を聞き、時間を合わせてなるべく訪問をするようにしています。

これはサラリーマン時代からです。今までお世話になった担当者ですから、せめて顔をみてお礼を言いたい。

急遽、半日有休を取っていって訪問したこともあるくらいです。

「いつもならTELで、わかりました、の一言で終わってしまうのですが、わざわざお越しいただけるのはなかなかないです」と感動してくれました。

ある投資家の話ですが、「転勤になる担当者はもう関係ないから、

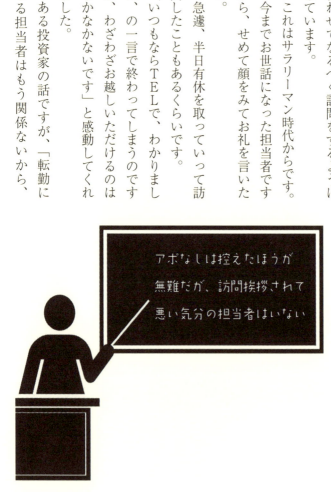

アポなしは控えたほうが
無難だが、訪問挨拶されて
悪い気分の担当者はいない

会ったり話したりするのは無駄」と言っていました。

私はその投資家に対し、「ビジネスライクでドライなんだな」と思いました。「きっと、周りにはそんなマインドの人が多いんだろうな」と。

お礼をかねて訪問すれば、現担当者から、新任担当にフェイストゥーフェイスで引き継いでもらえるし、3者とも安心です。

ただし、担当者は多忙な中の限られた時間ですから、押しかけ的な訪問は控えましょう。

私は異動した担当者から「安藤さん、元気でやってますか?」なんてTELをいただくこともあります。

金融機関の担当者が異動先から気にかけて連絡をくれるなんて、なかなかレアなんだそうです。

人と人との関係は離れたようにみえても、どこかでつながっていくもの。「転勤したから、はいオシマイ」などという人間関係は味気ないし、結局めぐりめぐって自分に返ってくるような気がします。

結局、金融機関とのお付き合いは男女の恋愛と一緒

金融機関の好きな人はマメな人です。

融資した後も、きちんと連絡を取ってくれたり、顔を見せてくれたりと気配りをしてくれる人が大好きです。

「通帳記入に来ただけなんだけど、そのまま帰るのもと思って顔を出しました」

そんな些細な気配りをしてくれる借手をもっと好きになってしまいます。

金融機関は、融資後の借手の行動をとてもよく見ています。

だって、あなたの事業計画、そして人に惚れて融資をしたのだから気になって当然です。

反面、「融資を獲得したら用は無い」連絡があるまではほったらかしの借手だったらどうでしょう。

きちんと、運営できているのだろうか…問題は起きていないだろうか…

心配になってしまいます。

たとえば、1年後に購入したい案件が出て、案件を持ち込んだ場合、どちらが安心して融資を検討できるでしょうか？

いうまでもなく、「マメな人」です。

融資を獲得するまでは、熱心にアプローチしてきて、そんなあなたの熱意や事業計画など、総合的に評価して融資しているのです。

男女の交際でも言えますよね。

付き合うまでは猛烈かつマメで「優しくて、とても紳士的かつ魅力的な男性だな」と思ったのに、いざ付き合い始めたら、ほったらかし。

「この人を選んだ私は失敗だったかもしれない…」

疑心暗鬼になってしまいます。

私はコンサル活動をしながら、いろいろな方にお会いしますが、「もっと金融機関を大事にしたほうが良いのに」といつも思います。

ほったらかしの投資家や個人事業、経営者の方がとても多い。

「期限の利益」が有効なうちはきちんと返済していれば特にお咎めがあるわけではないので、連絡があっても「用事があるなら出向いてこい」「忙しい」などと言い訳をならべて会おうとしない。

それでもっていざ案件を持ち込み、融資を断られると、「お金を貸してくれない」「融資が厳しくなった。貸し剥がしだ」と嘆いている。

都合が良すぎませんか？？　と言いたくなります。

ある、金融機関担当者は、「大切なお得意様とコンタクトをとってコミュニケーションを図りたいとおもっていますが、冷たい対応を取られると気分が落ち込んでしまう」と言っていました。

不動産投資は「ほったらかし」で通帳にお金が振り込まれる認識の方も多いのですが、船出を共にしてくれた金融機関までほったらかしにしている。

そんな人には永遠に融資の扉が開かれることはありません。

私は融資をしてくれた金融機関が大好きです。惚れこんでいます。

なぜなら、アプローチした私を認めてくれて、融資をしてくれたからです。

リスクを共に負って船出してくれた大事なパートナーです。

末永くお付き合いしていきたいと心から思っています。

唯一、男女の恋愛と違うのは**「金融機関は複数とお付き合い（取引）ができる」**という点です。むしろほかの金融機関がお付き合い（取引）するような人なら安心な人だと思います。

ただし、他の金融機関とお付き合い（取引）する・した、にしてもきちんと報告をしなければいけません。

それが仁義です。

男女の恋愛で、仁義を切って二股三股とかけていたら大変なことになりますが（笑）、貸手からすれば、借手に対して主役として見ていてほしい。

メインにとまでもいかなくても、見ていてほしいものです。

「日々、まめに顔をみせてくれる借手だと、とても安心。困ったことがあっても、お手伝いしやすい」と信用金庫の支店長が言っていました。

まめに、コミュニケーションをはかり、関係性を密にしておけばお互いにメリットは大きいです。

不動産投資は20～30年のローンを組むのが一般です。ある意味、夫婦と同じです。自分の夫、奥様、彼氏、彼女と思って大切にする気持ちがあれば、今後あなたが資金調達に苦労することはないでしょう。

20-30年の付き合いと
考えると、金融機関は
夫婦関係と似ている

某金融機関の現役支店長コラム⑧

マメな人は金融機関にもモテます。

金融機関に定期的に訪問する事は、金融機関からみてプラスな事はありますが、マイナスになることはありません。

その中で、試算表などにより定期的に数字の動き、その理由、近況のトピックスなど報告するとなお良いでしょう。

それがお互いの信頼関係構築にもつながります。

雑談の中にこそ、様々な情報があると考えます。

仕事以外の事を話せる関係性をいかに構築するか。

恋愛と一緒ですね！

おわりに…「貸手」と「借手」。双方の溝を埋めるために

本書には、私が経験し、実践し、知りえたノウハウを可能な限り書きました。不動産賃貸事業として営んできたこの10年間で得た情報です。

その中で共通しているもの、軸になるものは「人と人との信頼関係」です。

借手の方で、金融機関で働く方々を「別世界の人」のようなイメージを持たれる方々が多くいらっしゃいます。

私も当初、そのように思っていました。

でも、それは全くの誤解で、我々と同じ一人の人間として働いている方々なのです。家に帰れば家族があり、休日にはレジャーに出かけたりします。飲みに行ったり、魚釣りなどが趣味な方もたくさんいらっしゃいます。金融機関で働く方々を特別な眼差しでみてしまっては、逆に距離感が出てしまい、お互いにメリットは生まれません。

活動の中で私が気づいたことですが、貸手と借手の双方のニーズは同じ方向を向いているはずなのに、なぜかお互いの間に溝ができてしまっている。

借手の投資家はやっとのことで条件の良い物件を懸命に探したにもかかわらず、情報をうまく伝えきれず資金調達に苦戦してしまい、せっかくのチャンスを逃してしまう。

貸手は、借手の情報が足りなかったり、クリアにできない部分がネックになり、融資を見送る判断をしてしまう…。

マイナス金利政策の影響で収益も悪化し、生き残りをかけて収益を確保しようと懸命に知恵を絞っているなか、お互いに機会損失をしてしまっているように思います。そこのお互いの機会損失をうまく解消できれば、こんな良いお話はないのではないかと思います。

貸手：貸したいけど貸せない　借手：借りたいけど借りられない

この溝がうまく埋まれば、双方の未来は明るく、しいては日本経済の発展につながるのではないかと思っています。

私は借手側の立場として某金融機関のスタッフ向けにセミナーを実施させていただいた事があります。

内容は「借手の立場としてどう考えているのか？　融資を慎重にしたほうが良い案件人物、積極的にしたほうが良い案件・人物、物件の選定調査方法」などです。その中には経営陣も参加していただきました。

支店長はじめ、スタッフの方々から多くの気づき、発見があったとコメントをいただき、私の話が彼らのその後の結果に少しでも貢献できたのかもしれない、とそのアンケートを見た時に嬉しく思いました。

今後の収益不動産市場の環境は少子高齢化が加速するにつれ、今までのような経営を持続することが厳しい時代に入ります。したがって、安易に資産運用を目的に不動産投資を始めるサラリーマン大家さんにとっては大きなリスクを背負ってしまうことになります。また、冒頭でお話ししましたように、金融機関も本業の貸し出し業務で収益が得られにくい時代です。

貸手と借手お互いに手を組み、借手は貸手が判断しやすいような情報や安心材料、想定できるリスクと解決策が提供できるだけの準備をし、貸手も融資依頼の申し出に対し、良い結果に結び付けられるような受け入れ体制構築が必要です。それができれば、今後ますます厳しくなるであろう環境を容易に乗り越えられるだろうと確信しています。

貸手と借手が一緒に歩み続けていけるよう深い絆に結ばれれば、と心から思っております。

末筆ながら、本書をご購入いただいた読者の皆様、執筆にご協力いただいた金融機関支店長様、私の賃貸事業にご支援いただいている業者様、コラム執筆・企画でお世話になっている株式会社ファーストロジックの皆様、出版のきっかけをいただいたｉｋｕｎｏＰＲ株式会社　笹木郁乃様、尊敬する不動産投資家の広之内友輝様、編集担当の荒川三郎様、ほんとうにありがとうございました。

安藤新之助（あんどう・しんのすけ）

不動産投資家、株式会社サクセスアーキテクト代表取締役、国内最大の不動産投資サイト「楽待」著名コラムニスト、ゆとり生活形成塾代表。

1972年生まれ。愛知県出身。「日本一融資審査が厳しい」といわれる名古屋にて、年収400万円のサラリーマン時代から、リーマンショック後の厳しい環境の中、7年で総額11億4000万の融資を引き出した「融資獲得術」の第一人者。金融機関からの総資金調達額は16億3000万円。都市銀行、地方銀行、信用金庫、合計９つの金融機関と取引し、保有10物件の金利レートは3〜10年固定で、0.6〜1.3％、うち9割の物件が金利1％以下という驚異的なレートを叩き出している。

総投資額15億6000万、総資産13億3000万、現在保有物件数10棟173室、駐車場127台、満室時家賃収入1億3500万。資産の組み換えによる売却においても億を超える利益を出す（通算13棟購入、3棟売却、区分1室売却）。

高校卒業後、建築現場の左官職人、IT関連メーカーを経て、業界最大手積水ハウスに約12年間勤務。2015年にセミリタイア。積水ハウス時代はアフターサービスの部署に在籍、クレーム産業といわれる住宅業界の第一線で年間1200件超の建物メンテナンスやクレームを解決した。

建設業界20年、不動産投資10年、不動産業界を一気通貫した業界唯一の実践不動産投資家。セミナー、講演の実績多数。

メディア出演実績：NHK「クローズアップ現代＋」、楽待DVD「8人の成功者による不動産投資ノウハウ完全版 8つのステップ2014」、J-WAVE「リアルエステートインベストQ」、大家さんのための賃貸住宅情報誌「OWNER'S STYLE」、中部経済新聞、全国賃貸住宅新聞、週間SPA！「富裕層の経験値に学ぶ増大特集」などTV、DVD、ラジオ、新聞、雑誌と幅広く出演している。

NOをYESに変《か》える「不動産投資《ふどうさんとうし》」最強融資術《さいきょうゆうしじゅつ》

2018年8月31日　初版発行

著者　安藤新之助
発行者　常塚嘉明
発行所　株式会社 ぱる出版

〒160-0011　東京都新宿区若葉1-9-16
03（3353）2835—代表　03（3353）2826—FAX
03（3353）3679—編集
振替　東京 00100-3-131586
印刷・製本　中央精版印刷（株）

ISBN978-4-8272-1137-5 C0033